羅素

Russell: A Very Short Introduction

U0134670

Russell: A Very Short Introduction

羅素

格雷林（A.C. Grayling）著

張金言 譯

OXFORD
UNIVERSITY PRESS

OXFORD
UNIVERSITY PRESS

Oxford University Press is a department of the University of Oxford.
It furthers the University's objective of excellence in research, scholarship,
and education by publishing worldwide. Oxford is a registered trade mark of
Oxford University Press in the UK and in certain other countries

Published in Hong Kong by
Oxford University Press (China) Limited
39/F, One Kowloon, 1 Wang Yuen Street, Kowloon Bay, Hong Kong

羅素

格雷林 (A.C. Grayling) 著

張金言 譯

ISBN: 978-0-19-942712-3

1 3 5 7 9 10 8 6 4 2

English text originally published as *Russell: A Very Short Introduction*
by Oxford University Press © A.C. Grayling 1996, 2002

目　錄

前言

　　羅素壽命很長，建樹甚多。他屬於比較少見的一類哲學家：這些人的名字廣為人知，他們靠其生平和著作似乎已經成了所代表的偉大思想傳統的象徵。羅素在同時代人中享有的聲譽來自他對社會、政治和教育的爭論做出的多方面的(往往是極有爭議性的)貢獻。但是他取得不朽名聲的資格卻建立在他對邏輯和哲學所做的卓越的技術性貢獻上。在以下篇幅中我將綜述他一生在這兩個領域中的工作。貫徹全書的目的是用簡短的篇幅做出最清晰的表述。本書並不是要對哲學論證進行詳細的判斷，更不是要研究數理邏輯中的技術細節，所以我把大部分篇幅用在講明事實上；但是我也嘗試討論某些題目，想進一步探討它們的讀者可以參閱延伸閱讀書目所列的文獻。這些文獻是向已在岸邊浪花中涉足，也許願意下水游泳的人指出的門徑。然而，對於邏輯和數學沒有特別興趣的讀者可以略過第二、三兩章，而去集中閱讀第一、四兩章所講的羅素生平經歷和對公眾性爭論的貢獻。

　　我感謝Keith Thomas和牛津大學出版社眼光敏銳的審稿人的意見，感謝Ken Blackwell的及時幫助和羅素檔

案館提供的文件，還感謝Alex Orenstein和Ray Monk的有關而中肯的討論，另外也對Leena Mukhey的索引工作表示謝意。

我將本書獻給蘇珊 ——

dulces dominae Musa Licymniae cantus, me voluit dicere. [1]

A.C.格雷林

1996年於倫敦

1　原文為拉丁文，意為「女主人李居姆尼婭的優美詩歌，繆斯希望我吟唱。」——譯注，下同

第一章
生平與著作

　　羅素是20世紀最著名的哲學家之一。他的名聲（有時是不好的名聲）主要是由於他參與社會和政治爭論得到的。在差不多六十年的時間裏，他曾是一個大家熟悉的公眾人物。在通俗的報章雜誌上，他有時是個遭受誹謗的對象，而有時（在受到尊敬的時期）則是個權威性人物；在擔當後一種角色時，他也曾上電台發表廣播演說。他對於戰爭與和平、道德、兩性關係、教育和人類幸福都發表過很多意見。他發表過許多通俗的著作和文章，他的見解給他帶來了非常不同的反應，從被判入獄到獲得諾貝爾獎。

　　但是他的最大貢獻和聲譽的真正基礎卻在邏輯和哲學這些專門領域。他對20世紀英語國家的哲學的內容和風格所產生的影響極其普遍而深入，實際上是無所不在。哲學家們使用他的著作所提出的技術和思想而不感到有必要提起他的名字（有時是認識不到有這種必要）；這才顯示出真正的影響力。這樣看來，他對哲學的貢獻比起他的學生路德維希·維特根斯坦（Ludwig Wittgenstein）來要重要得多。哲學從維特根斯坦那裏學

到一些有價值的東西，但是從羅素身上卻獲得一個整體框架，構建人們現在所說的「分析哲學」。

在這個名稱中「分析」的意思是指使用來自形式邏輯的方法和思想，對哲學上重要的概念以及體現這些概念的語言做出嚴格的分析。當然，分析哲學並不是單靠羅素一個人創建的。他曾受到邏輯學家皮亞諾（Giuseppe Peano）和弗雷格（Gottlob Frege）以及他在劍橋的同事摩爾（G.E. Moore）和懷特海（A. N. Whitehead）的影響。其他影響則來自笛卡兒、萊布尼茨、貝克萊和休謨等17、18世紀思想家。實際上他的第一部哲學著作就是以同情的態度做出的關於萊布尼茨的研究。但是他把這些影響集聚起來，使之成為一種研究哲學問題的新方法，應用銳利的新邏輯來闡明這些問題。這就是說，他在革新20世紀英語國家哲學傳統上起着至關重要的主導作用。

因此羅素既是一位被當作聖賢和人類導師的通俗意義上的哲學家，又是一位學術專業意義上的哲學家。在以下各章中我將講述他以這兩種哲學家面貌做出的貢獻。在本章中我將概述他那漫長、豐富，有時還充滿激蕩起伏的一生，就其全部內容和多樣性來講，它構成了現代最崇高的個人傳記之一。

伯特蘭‧阿瑟‧威廉‧羅素（Bertrand Arthur William Russell）於1872年5月18日生於名門望族，屬貝德福德公爵家系中最幼的一支。他的祖父是赫赫有名

圖1　羅素一家，1863年。照片中包括：家庭教師瓦格納；伯特蘭·羅素的叔叔威廉·羅素；羅素夫人；羅洛·羅素（另一個叔叔）；喬治（約翰勳爵在第一段婚姻中生下的女兒）；安伯利勳爵；約翰·羅素勳爵；阿加莎·羅素（伯特蘭·羅素的嬸嬸）

的約翰·羅素勳爵，曾提議通過1832年的議會選舉法修正法案，成為走向議會民主化的第一步。約翰勳爵曾兩度任英國首相（1846至1852年，1865至1866年），並由維多利亞女王將其晉升為伯爵。羅素的外祖父奧爾德雷的斯坦利勳爵曾是約翰勳爵在政治上的盟友。

羅素的父母是奇特而引起爭議的一對，他們獻身於進步事業，比如主張計劃生育和爭取婦女的投票權。他的父親安伯利子爵選定約翰·斯圖亞特·密爾作為他非宗教意義上的教父。密爾死時羅素還不滿一周歲，所以對他的影響儘管很大，卻是間接的。

安伯利曾當過短期的下院議員，但是他的政治生涯卻因大家知道他支持避孕的看法而被葬送。安伯利夫婦的進步思想可以從他們聘請斯包爾丁（D. A. Spalding）作羅素兄長弗朗克的家庭教師這件事上看出來。斯包爾丁是一位聰慧的年輕科學家。他患有嚴重的肺病，因而不能結婚成家。安伯利夫婦認定這不是他必須獨身的理由，所以羅素的母親「讓他同她一起生活」（照羅素在其《自傳》中的說法）。羅素還補充說，「雖然我沒有證據表明她這樣做得到了什麼樂趣」（《自傳》，第12頁）。

羅素的母親和姐姐在1874年因患白喉症去世，當時他才兩歲，緊跟着十八個月以後父親也離開人間。安伯利已經為他的兒子們找好兩個不可知論者當他們的監護人，斯包爾丁便是其中之一。但是他們的祖父

母(羅素勳爵和夫人)卻極力反對。他們提出訴訟，想推翻安伯利的遺囑，讓孫子們在彭布洛克鄉館同他們住在一起。這座鄉館是里希蒙園中由皇家賞賜的宅邸。比羅素長七歲的弗朗克覺得那裏的生活無法忍受，於是起而反抗。他被送到學校去住。伯蒂[1]則比較聽話，性情又溫和，就留在家中。僅僅過了三年，他的祖父便去世了，從此他就完全處在他祖母的影響之下。祖母是位古板嚴謹的蘇格蘭長老會教徒，是第二代敏托伯爵的女兒。羅素的性格往往被說成是受他貴族出身的影響，(在看來需要的時候)出身甚至可以成為性格的辯護理由。但是最早塑造他性格的卻是他祖母的清教主義；它代表中產階級的而不是上層階級的維多利亞時期的風尚。她在羅素十二歲生日時贈給他一本《聖經》，扉頁上寫下了她喜愛的一句箴言：「汝不應隨眾作惡。」這句話成了羅素終生信守的準則。

羅素的童年生活很孤獨，但首先並非不快樂。他有德國和瑞士保姆，在很早的時候講德語就同講英語一樣流利；他愛上了彭布洛克鄉館那片廣闊的土地，從那裏可以看到周圍鄉間的美景。他寫道：「我熟悉花園的每個角落，我年復一年地去一個地方尋找報春花，去另一個地方尋找紅尾鴝的窩巢，還有從一簇常春藤中長出來的刺槐花。」(《自傳》，第26頁)但是隨着青春期的來臨，不管在情感上還是理智上，他的

1　伯特蘭‧羅素的昵稱。

圖2　歐幾里得最為著名的數學論著《幾何原本》扉頁

孤獨越來越讓他痛苦。他在與他各方面都相距甚遠的一家老人當中顯得很孤單。前後更替的家庭教師是他與外面大世界唯一的脆弱聯繫。然而他還是靠大自然、書籍和稍後的數學才免於遭受精神上過大的痛苦。他的一位叔叔對於科學很有興趣，並把這種興趣傳遞給他，幫助激發他的精神覺醒，但是真正劃時期的事情卻發生在他十一歲的時候，當時他的哥哥開始教他幾何學。羅素曾說那種經驗「同初戀一樣令人眼花繚亂」（《自傳》，第30頁）。在他與理解前面的命題一樣容易地掌握了第五命題之後，弗朗克告訴他說，人們通常覺得這個命題很難，這是有名的「笨人難過的橋」，它使許多剛剛開始的研究幾何學的歷程停步不前。羅素寫道：「這是我第一次看清我也許有些智慧。」但是美中不足的是，歐幾里得幾何是從公理開始的，而當羅素要求對公理加以證明時，弗朗克就回答說，公理是必須承認的，不然幾何學就不能展開。羅素勉強接受了這個意見，但是當時在他心中引起的懷疑卻一直保留下來，決定了他以後在數學基礎方面的工作進程。

1888年羅素去陸軍中一個專教考試功課的教師那裏做寄宿生，準備參加劍橋大學獎學金考試。他在那裏度過了一段不愉快的時光，因為他看到了有些年輕人的粗俗舉止。然而他還是獲得了上三一學院的獎學金，並於1890年10月入學攻讀數學。

他覺得自己好像邁步走進了天堂。懷特海(日後羅素同他合作寫出了《數學原理》)審閱過他考獎學金的試卷,囑咐一些天資較高的大學生和講師對他多加照顧。因此他覺得周圍都是些志趣相投的人,思想上不再與人隔絕,而建立在相互交流的興趣和智慧上的友誼也終於向他敞開了大門。

羅素在頭三年中攻讀數學,到第四年他進修哲學,教師有西奇威克(Henry Sidgwick)、華德(James Ward)和斯托特(G. F. Stout)。黑格爾派哲學家麥克塔加特(J. M. E. McTaggart)當時在劍橋學生和年輕教師中間很有影響。他引導羅素相信由洛克、貝克萊、休謨和約翰·斯圖亞特·密爾所代表的英國經驗主義失之「粗糙」,還把他的興趣轉向康德,特別是黑格爾身上來。在斯托特的影響下,羅素成了新黑格爾派牛津哲學家布拉德雷(F. H. Bradley)的推崇者,認真研讀他的著作,後者倡導被稱為「觀念論」的哲學觀點的一種説法。

但是對羅素起到決定性影響的卻是一位比他年輕的同代人。這人便是G.E.摩爾,他同羅素一樣,開始是個黑格爾主義者,但是不久便拋棄了這種哲學,並説服羅素也這樣做。布拉德雷論證説,常識所相信的一切事物,例如由事物組成的世界的繁多性和變化都只是表象,而實際上實在卻是單一的精神性質的絕對事物。羅素與摩爾都懷着欣喜若狂的解放了的感受駁

斥了這種觀點。雖然他們此後發展的道路各不相同，特別是羅素努力去找尋令人滿意的其他觀點，兩人的哲學工作都完全以實在論和多元論(參見第34-35頁關於這些名詞的說明)作為前提。

但是摩爾領導的反叛來得較遲。1893年羅素在數學榮譽學位考試中獲得甲等，名列及格者第七名。他在第二年的道德科學(在劍橋大學「道德科學」通常用來指哲學和經濟學這類學科)榮譽學位考試中又取得甲等優異成績。其後他便開始寫一篇研究員資格論文，論述幾何學的基礎，這是代表他當時看法的康德主義習作。在這些令人興奮的事件過程中，他已長大成人，因而可以不顧家人強烈的反對，自由去做他一直計劃做的事情，即與艾麗絲‧史密斯(Alys Pearsall Smith)結婚。艾麗絲長他五歲，是美國貴格會教徒。他在1889年見到她，很快便產生愛情，儘管四年以後她才回報他的感情。羅素家人認為她非常不合適，告訴他說無論如何他不能生育子女，因為在他的家庭中有精神不正常的情況 —— 伯父威廉曾因精神失常而進過精神病院，姑母阿加莎則有過妄想並且越老越古怪，這兩件事都被舉出作為證明。

羅素家人為了使他遠離艾麗絲，安排他去巴黎任英國使館名譽隨員。他們無疑希望這個「道德敗壞的90年代」首都的誘惑也許會滿足驅使他走向婚床的任何衝動。但是他的祖母強加給他的清教徒式的教育總

圖3 艾麗絲‧史密斯，美國貴格會教徒，羅素的第一個愛人。羅素17歲時與她相識，四年後，即1894年與她成婚

的說來是太有效了；這就扼殺了這個計劃，他在家信（可以說是拘謹古板的典範）中抱怨巴黎人生活如何不好。他寫道：「巴黎的每個人都很壞，人們只要看一下周圍，便會見到某種對愛情的褻瀆 —— 這使我由於充滿憎惡而顫抖。」等他能夠支配自己的財源（他每年有一筆600英鎊可觀的遺產收入，他的新娘也有錢），他就立即同艾麗絲結婚，起初還生活得很幸福。

羅素的論文使他在三一學院獲得一筆有一定期限的研究員補助金而不擔任任何工作，即不必在劍橋教課和住在校內。因此他與艾麗絲去了柏林。羅素在那裏研究了德國的社會民主並為此寫出了一本書。這是他生前最早出版的一本書，是他總計達七十一本書和小冊子（還不算他那些多不勝數的文章）這個了不起的著作數量當中的第一本。他在柏林萌發了要沿着兩個方向進行一項龐大研究的想法：一是探討自然科學，另外則是探討社會和政治問題，兩者最後匯合成一部「宏偉的百科全書式的著作」。羅素當時仍然受黑格爾主義的影響，這樣一項計劃正好顯示出後者的特色；但是這項計劃在他的哲學觀徹底改變之後還是保留下來，儘管形式上沒有這樣系統化，因為在羅素的許多著作中，他確實寫了大量既研究理論也探討實際問題的論述。

《德國的社會民主》問世一年之後，他的研究員資格論文《論幾何學的基礎》也成書出版。隨後在

1900年羅素又出版了《萊布尼茨哲學評述》。他寫這本書純屬偶然，但對他來說仍很重要。一位平常講授萊布尼茨的劍橋同事請羅素代替他授課一年；羅素從來沒有機會仔細研讀萊布尼茨，卻高興地答應了這一邀請。這本書就來自他的講稿。儘管羅素並不贊同萊布尼茨哲學的要旨，不過其中有些方面在他的思想中還是有影響的。

在羅素講授萊布尼茨的時候，他已經被摩爾說服，放棄了觀念論。不久之後他對於數理哲學的興趣由於1900年7月在巴黎舉行的國際數學大會上見到意大利邏輯學家朱塞佩·皮亞諾(Giuseppe Peano)而得到有力的推動。確切地說他所關心的是能否為數學提供邏輯基礎，從而使之成為確實可靠的知識這一問題。皮亞諾在邏輯上取得了某些技術性的進展，讓羅素從中看到去完成將數學還原為邏輯這項工作的途徑。他貪婪地閱讀皮亞諾的著作，然後對其中包含的方法開始改進、擴展並加以應用。在最初感受的興奮當中，他不出幾個月便寫出了後來證明是他第一部重要論著即《數學的原理》[2]的全部初稿。他又用了一年的時間進行修正和改進，並於1903年出版該書。羅素在為1937年該書新版寫的序言中說，他仍然確信書中基本論點即「數學與邏輯是一回事」的真實性。

2　與前文《數學原理》並非同一本書。

羅素在1900年所感受到的那種理智上的極度欣喜沒有再次出現。首先，他以後的歲月由於個人生活發生的變故而顯得陰雲密佈。他發現自己已經失去對妻子的愛情，並且告訴了她。他後來寫道：「在那些日子裏，我相信(什麼經驗教我這樣想很可能並不確定)關係親密的人應該講真話。」(《自傳》，第151頁)結果兩人在後來仍然住在一處的九年裏都感到極其痛苦。大約就在同時，羅素由於親眼看到伊芙琳‧懷特海(他以前的教師懷特海的妻子)患病的痛苦而引起了他情感生活中的一場革命。看到她在強烈痛苦中所忍受的孤獨，他的世界觀突然改變了。從那個時刻起，他才有了和平主義和對孩子的渴望，才萌發出很高的審美感受力，才深刻認識到我們每個人歸根結底而且無可挽救地都是孤獨的。他在《自傳》中對這次經驗做了生動的描述。

　　在本來也許可以給他安慰的數學工作中，也出現了類似的嚴重波折。這就是在羅素力圖完成的計劃的核心部分發現了矛盾，這一矛盾及其重要性將在以下第二章中適當的地方加以講述。

　　其後果是讓羅素的工作停滯了兩年多的時間，當時他凝視着白紙不知道怎樣寫下去。在此之前他正撰寫《數學原理》(*Principia Mathematica*)一書，這原是想作為《數學的原理》(*The Principles of Mathematics*)的第二卷來寫的。這個預想的第二卷後來包括了對於《數

學的原理》中簡略表述的思想做出技術性的運算，還對其中留下來的一些困難進行更加充分的處理；但是情況很快就變得明顯：如果他想達到計劃的目的（即「證明全部純數學都來自純邏輯的前提並且只使用可以用邏輯來定義的概念」），還需要做很多工作。於是羅素邀請懷特海與他合作，從那時起直到1910年他的大部分心力都集中到撰寫這部紀念碑式的著作上。該書的哲學方面和技術性內容的實際運算都由羅素承擔；懷特海則主要在符號記法上做出重要貢獻並完成了大量的證明。

羅素講述他每年用八個月來寫《數學原理》，每天花費十到十二個小時去工作。當稿子最後送往劍橋大學出版社時，稿紙竟多到必須用一輛四輪馬車來運送。這個出版社的理事們估計這部書要使他們蒙受600英鎊的損失，並說他們只願意承受這筆損失的一半。羅素和懷特海説服英國皇家學會通過投票捐助200英鎊，但是剩下的數目則要他們自己掏腰包。結果他們多年為這一宏偉計劃所做出的勞動卻讓他們每人各損失了50英鎊。

但是真正的回報卻是豐碩的。在這項努力的進程中，並且根據努力的成果，羅素發表了一些極其重要的哲學論文。他在三十五歲還非常年輕的時候便當選為皇家學會的會員。他在邏輯史和哲學史上的地位已經確立下來。羅素後來在許多活動領域之所以能取得

成就，大部分是由於他已經贏得了《數學原理》所賦予他的奧林匹斯山神的崇高地位。

在專心致力於理智活動的這些年月裏，羅素在其他方面也沒有虛度光陰。他對政治的興趣仍然強烈；他參加支持自由貿易的運動，在1907年舉行的溫布頓補缺選舉中他還以議會候選人的身份公開贊同婦女選舉權運動。投票選舉婦女是一項極受非議的主張，擁護者經常遭到辱罵甚至暴力。羅素如果不是由於自己的不可知論擋路，他最後也許已經進入議會；在1911年選舉中他就要當選為貝德福德候選人的時候，地方競選組織突然得知他不願向選舉人隱瞞自己的不可知論並且不肯去教堂。於是他們選擇了另外的候選人。

但是一件使他非常愜意的事情發生了：三一學院聘他當講師，為期五年；因此羅素過上了大學教師的生活，他把注意力轉到寫一本後來成了經典的小書上面。這便是《哲學問題》，直到今天仍然是講這個題目的最好的簡明導論之一。

羅素從事政治活動的一個意想不到的結果竟是一段風流韻事。1910年他住在離牛津不遠的地方，曾幫助當地候選人菲利普·莫雷爾進行競選的遊說活動。他在童年時期就認識莫雷爾的妻子奧托琳夫人（Lady Ottoline Morrell）。第二年他們的重逢竟發展成相戀。羅素願意娶她，這就意味着他與艾麗絲離婚和奧托琳與菲利普離婚。但是奧托琳不願離開菲利普，所以這

件事只能算是通姦，得到菲利普的同意而受到艾麗絲和她家人的強烈反對。羅素與艾麗絲分手之後有四十年之久未曾再度會面，雖說他們在這期間即1920年代早期離了婚。

奧托琳對羅素很有幫助，這是無可爭辯的。羅素寫道：「她在我的舉止像一個大學教師或一個自命正經的人和在談話中流露出獨斷傲慢時，便嘲笑我。她逐漸消除了我這種信念，即我心中充滿了可怕的邪惡，只有靠堅強如鋼的自我約束才得以壓制下去。她讓我變得不再那麼自私，不再那麼自以為是。」（《自傳》，第214頁）她還讓他在她自己身上以及美麗的周圍環境中得到審美衝動的滿足。這時羅素的年齡已將近40歲；這是一次姍姍來遲但是卻深刻的覺醒。

1914年羅素訪問了美國，主要是去哈佛大學講學。他的講演後來以《我們關於外部世界的知識》為書名出版。他在哈佛大學的學生當中有T.S.艾略特，後者曾為羅素寫了一首題為《阿波里奈克斯先生》(Mr Apollinax)的詩。在詩中他成了一個神話般的人物，樣子奇特甚至嚇人，那顆掛着一圈海草的腦袋也許會突然滾到椅子下邊，或者突然咧嘴笑着出現在屏風上方；艾略特說，這個人物笑得「就像一個不承擔任何責任的胎兒」，然而他那「乾燥而充滿激情的談話」卻消磨掉了下午的時間，讓艾略特想起半人半馬怪物的蹄子敲打堅硬的地面的聲音。這是一次給艾略

圖4 奧托琳‧莫雷爾女士(1873–1938)，奧古斯塔斯‧約翰繪於1926年；帆布油畫 © Courtesy of the artist's estate / Bridgeman Art Library, London

特留下強烈印象的會見；至於其他在場的人他只記得他們吃過黃瓜三明治。

在訪問芝加哥的時候，羅素愛上了接待他的主人的女兒（他在《自傳》中未曾透露她的名字），她當時是布林·莫爾學院的學生。他們定下計劃讓她到英國與他會合，以便在他與艾麗絲離婚後便可以同他結婚。她果然來了；但是當時第一次世界大戰已經打起來了，大戰對羅素在情感上的震撼以及他對和平主義活動的熱情投入消除了他對她抱有的感情。她此行的災難由於她後來發瘋而更加深重。羅素在其自傳中以痛悔的心情講述了這段令人悲痛的插曲。

羅素對於大戰爆發的反應是複雜的。他已經超過當戰鬥人員的年紀，所以他從來不是一個因良知而拒服兵役的人。（他的一些持有此種立場的熟人，如李頓·斯特拉奇（Lytton Strachey）等都去了奧托琳在加辛頓的鄉間花園，終日閒蕩，以擺脫強迫的農業勞動。）同許多愛德華七世時代的知識分子一樣，羅素對於德國和德國文化有一種喜愛。他德語講得很流利，讀德文書自然不在話下，還去過德國並寫了一本講德國政治的書。但是他也有強烈的愛國心，他曾寫道：「熱愛英國幾乎是我擁有的最強烈的感情。」他也不是一個無條件的和平主義者，這一點可以從四分之一世紀以後他竭力支持反對納粹主義的戰爭看出來。關鍵在於他認為1914年戰事的爆發不是為了一種原則而且並

圖5　T.S.艾略特(1888-1965)，羅素在哈佛大學的學生，
曾寫過一首關於羅素的詩 ──《阿波里奈克斯先生》。詩
中的羅素相當神秘，頭上掛着海草，一半是人一半是馬
© K M Westermann/Corbis

不預示有任何好處，而是由於一些政客的愚蠢惹起來的，眼看一場葬送年輕人生命的大混戰就要把文明吞噬掉。他在戰爭開始後不久寄給《民族》雜誌的一封信中寫道：「所有這種瘋狂，所有這種狂暴，所有這場葬送我們的文明和希望的熊熊大火，都是由一些官方人士造成的，他們生活奢侈，極其愚蠢，全都缺少想像力和愛心，寧可選擇戰爭也不願他們當中有人忍受對其祖國的榮譽一絲一毫的蔑視。」

羅素在當時所表現的非比尋常的洞察力正如半個世紀之後在越南戰爭時所表現的一樣。戰壕裏可怕的殺戮還未真正開始，而羅素卻已看出其不可避免以及隨之而來延續更久的後果。當時很少有人能預見到這一進程已經開始，即在本世紀剩下的大部分年代中世界大部分都被捲入了真正的或剛剛開始的戰爭之中，導致數以百萬計的人死亡，大量資源用於發展軍事工業技術，後者每一次新的進展都比前一次更加危險，破壞力更大。在1914年羅素當然不能預見到布爾什維主義、納粹主義和大屠殺、原子武器和冷戰、由國際軍火貿易武裝起來的國家主義，以及受富國與窮國之間令人不滿的差距煽動起來的宗教激進主義，但是他卻真實地感到戰爭的爆發意味着通向某種災難的大門已經打開：接踵而至的便是一連幾十年的災難了。

同樣使他感到恐怖的是在交戰國家中民眾對戰爭的普遍支持，所表現的那種「原始野蠻主義」以及

「仇恨和嗜血本能」的發洩。正如他所指出的,這些正是文明自下而上所反對的事情。最糟的是他的大多數朋友和相識都有同樣的思想感情。他不能袖手旁觀;整個戰爭時期他一直在寫文章,發表演講,通過民主控制聯合會和拒服兵役聯誼會支持有組織的反戰活動。在戰爭初期他為居住在英國的德國人做一些慈善工作,這些人由於與祖國隔絕而貧困不堪。這項工作的需要並沒有持續很久,因為敵國公民不久便被拘留起來。

拒服兵役聯誼會的領袖是一位名叫克利福德·艾倫的年輕人(即後來的赫特伍德的艾倫勳爵)。他由於拒不放棄反戰活動而多次入獄。在對艾倫的一次審判中,羅素遇到了康斯坦絲·馬勒森夫人(Lady Constance Malleson),她是個女演員,藝名叫科利特·奧尼爾。她也從事和平主義工作,晚上在戲院度過時光,白天則在聯誼會的辦公室裝信封。他們成了戀人,她的穩重鎮靜給戰爭時期進行艱苦鬥爭的羅素提供了一個庇護所。

羅素本人有好幾次由於他的反戰活動而遭到控制。1916年他因為寫了一篇文章而被起訴,罰款100英鎊。他拒絕付款,所以他的全部財物被扣押,但是他的朋友們出於好心將其買下歸還給他,這就使他的姿態變得無效。隨後他又被禁止進入英國任何軍事禁區,特別是海岸部分(羅素以諷刺性幽默的口氣猜想

説，大概是為了防止他給敵方潛艇發信號吧）。1916年他打算去美國旅行，被拒絕簽發護照。1918年被關進監獄六個月，原因是他寫了一篇文章，說來歐洲的美國軍隊可能被用來制止罷工，這些軍隊在他們本國就是執行這種任務的。由於他的社會關係（他曾用帶諷刺的口氣說，當伯爵的兄弟還是有用的），他被關進第一監獄，這就意味着他住單人牢房而且可以看書；於是他讀書寫作，完成了一本書（《數理哲學引論》）並開始寫第二本書（《心的分析》），還寫出一些評論和文章。他在1918年9月獲得釋放，這時人們已經明顯看到戰爭不會繼續多久了。

羅素第一次被送上法庭還帶了另外的處罰。三一學院所有年輕教師都已去前線打仗，留下一些歲數較大的人負責管理學院事務。他們對羅素的戰時活動深懷敵意。當他們獲知他的信念之後，便投票取消了他的講師職位。數學家哈代（G. H. Hardy）曾為這樣對待羅素而感到憤怒，後來還為此寫了一篇文章。年輕的教師們在戰爭結束後回到了學院，他們投票恢復了羅素原來的職位。但這時羅素的興趣已經把他引向了海外。

戰爭在羅素身上產生的許多變化之一便是他的寫作範圍的擴大。他在這幾年中出了兩本不屬哲學性質的書，即1916年出版的《社會改造原理》（該書的美國書名是《人為什麼打仗》）和1918年出版的《自由之路》。這些都預示他以後會寫許多討論社會、政治和

道德問題的通俗著作。就在1916年他將《社會改造原理》作為一系列講演發表的時候，他遇見了D.H.勞倫斯(D. H. Lawrence)並開始了一種有意合作的關係，但是勞倫斯的態度很快變得敵對起來。起初，勞倫斯指責羅素的和平主義，說這只是掩飾他對人類的強烈憎惡的面具，這使羅素深感煩惱，因為他認為勞倫斯對人性有一種特殊的洞察力；但是勞倫斯那些越來越歇斯底里和帶謾罵口氣的書信讓羅素看穿了勞倫斯政治上的原始法西斯主義和他對非理性主義的崇拜。他們之間的關係也就中斷了。

如前面所述，1918年羅素在獄中着手撰寫兩本哲學書。然而他重返哲學的時間卻更早一些，因為在1918年頭幾個月他就以「邏輯原子主義的哲學」為題目做了一系列講演，很快便在一個名叫《一元論者》的雜誌上連載發表。羅素為人一向極其寬宏大度，說他的思想來自路德維希·維特根斯坦，後者戰前在劍橋有很短一段時間作過他的學生。實際上羅素講演中的大部分思想顯然都是在遇到維特根斯坦很久以前就有的；但是兩人在戰前曾經詳細地討論過這些思想，這一點可以從維特根斯坦在前線奧地利軍隊中服役時寫成的《邏輯哲學論》中看出來。這時羅素接到在意大利戰俘營中消磨時光的維特根斯坦寄來的一封信，談到《邏輯哲學論》這部著作。維特根斯坦從意大利人那裏獲釋之後，便設法出版此書，但未能成功；於

是羅素伸出援助之手，同意寫一篇引言說服一家出版商接受出版。儘管羅素還有好幾次對維特根斯坦提供關鍵性幫助（特別是十年以後為他在三一學院安排研究工作），兩人還是由於氣質上和哲學上的深刻不同而分道揚鑣。

羅素又一次陷入了熱戀之中，這次是愛上了一位年輕的格頓學院的畢業生，名叫多拉·布萊克（Dora Black）。1920年他們各自單獨訪問了蘇聯，回來時多拉對蘇聯表現出熱情而羅素則充滿敵意。他寫了一本責罵布爾什維克的書，為此他還和多拉爭吵過。但是這並沒有妨礙他們在1921年一起去中國，羅素受到邀請到北京作為期一年的訪問教授。

同許多在中國待上一段時間的人一樣，羅素也愛上了這個國家。同這許多人中的大多數一樣，他也喜歡把中國人本身浪漫化。他稱讚他們的幽默感、洞察力、對美好事物的欣賞以及對文化和學問非常文雅的喜愛。但是不知為何他看不到這個幅員遼闊的國家中大多數人過着多麼艱苦的生活，也看不到古代傳統多麼嚴重地壓垮和阻礙了中國。他在中國期間，許多人問他中國人應該怎樣生活、應該怎樣思考和中國怎樣才能擺脫貧困和封建式的分崩離析，對此他並不願讓自己作為一個可以提出忠告的人。美國哲學家約翰·杜威（John Dewey）同時也在中國訪問，他對這類問題就毫不猶豫地發表自己的意見，結果他的名聲在今天

圖6　多拉‧布萊克(1894–1986)，格頓學院的一名年輕畢業生，1916年與羅素相識。兩人墜入愛河，不過多拉直到1921年9月才接受羅素的求婚。兩人生有兩個孩子，即約翰‧羅素和凱瑟琳‧羅素

的中國仍然比羅素大得多。聖賢的傳統在中國是很深厚的；因此羅素失去了一個在中國多做貢獻的機會。他寫了一本書，講出他對中國及其未來的看法，但是該書後來才在遙遠的英國出版，不能代替他的客人們希望聽到的聖言。他反而給他們講授了數理邏輯。

羅素在北京的逗留快要結束時，患了嚴重的支氣管炎，幾乎喪了命。由於某些日本新聞記者過於積極，竟然傳出了他去世的消息；所以羅素得以讀到他自己的訃告，包括一行登在教會刊物上打趣的話，讓他特別開心：「可以諒解傳教士們聽到伯特蘭‧羅素先生的死訊，歎了口氣，感到如釋重負。」

艾麗絲終於同意離婚，所以羅素和多拉於1921年9月返回英國後便結了婚，此後不久他們的第一個兒子約翰‧康拉德就降生了。兩年以後又有了一個女兒凱特。羅素在1922年和1923年兩次作為切爾西工黨候選人競選議會議員，但是沒有成功。家庭的責任有壓力；他需要去謀生計，所以放棄了從事議會政治的想法，專心致力於寫作和講演。最有收益的巡迴講演是在美國，在1920年代他去了四次。他出版的通俗著作有《相對論入門》《原子入門》《我的信仰》《論教育》《懷疑論集》《婚姻與道德》和《幸福之路》。其中有些書經濟收益豐厚，有些書則招來非議，原因是表達了對性道德的自由觀點。同時他也沒有忽視哲學；他那本在獄中開始寫的《心的分析》於1921年問

世；1925年他受邀在劍橋主持塔納講座，這些講演以《物的分析》為書名於1927年出版。他還寫了一本名叫《哲學大綱》的導論性質的教科書。

孩子們的到來滿足了羅素一個長久的心願。孩子們給了羅素一個「新的感情中心」，在1920年代剩下的歲月裏這個中心吸引住了他作父親的興趣。他在康沃爾買了一所住宅，讓全家去那裏消夏；在約翰和凱特到了上學年齡時，他和多拉便決定創立自己的學校，讓孩子們按照他們認為最好的方式受教育。他們租用了羅素兄長位於英國南部丘陵草原上的鄉間住宅，開辦了一所學校，收進二十個年齡大體相同的孩子。宅院很大，周圍有兩百英畝原始森林，長着繁茂高大的山毛櫸和紫杉，有多種包括鹿在內的野生動物來回跑動。從住宅向外遠眺，景色很美。

儘管有這種理想和田園詩般的風景，這一實驗最後還是失敗了。學校經費從來不能自給；羅素寫通俗書和報章文字以及他多次往返於大西洋兩岸去做巡迴講演(他不喜歡海上旅行)主要也是為了資助學校的經費。多拉也去美國做了一次巡迴講演，但是她主要負責管理學校。教師人員是一個困難問題；羅素和多拉從來沒有見到一貫實行他們的原則的教師，這些原則包括有紀律的自由：儘管有相反的說法，羅素的學校並沒有讓孩子們任意胡鬧而搞得亂糟糟。他後來寫道：「讓孩子們不受管束就是建立恐怖統治，就是讓

弱者在強者面前怕得發抖，顯得非常可憐。一所學校就像整個世界：只有靠管理才能防止殘忍的暴力。」

另一個困難是學校吸引了很高比例的問題兒童，他們的父母原想把孩子送到別的地方，但是最後卻不得不去試一下實驗學校。羅素夫婦因為需要錢而接收了這些孩子，後來卻發現他們給學校管理帶來了很多困難。

可是最壞的情況還是給羅素的孩子們帶來的影響。其他學生認為他們受到過份的優待，因為管理學校的是他們的父母；但是羅素和多拉為了做到公平，力圖同對待別的孩子一樣來對待他們，結果是約翰和凱特實際上得不到父母的照顧，因而受了罪。用羅素自己的話說，早期的家庭幸福「因此給毀掉了，取而代之的是尷尬和困惱」（《自傳》，第390頁）。

在第一次世界大戰之後的歲月裏，人們普遍希望以教育為手段來改造世界。舉例來說，奧匈帝國的解體使奧地利受到致命的打擊，許多青年知識分子投身教學，希望重新改造人類。其中就有卡爾·波普爾（Karl Popper）和路德維希·維特根斯坦。羅素也間接屬於這個運動。但是，教學的實際情況和人的本性的難以管教不久便讓他們感到希望落空，終於放棄。

1931年羅素的兄長弗朗克突然死去，由羅素繼承伯爵爵位。隨之他也繼承了兄長的債務，還有義務付給兄長的三個前妻中第二位每年400英鎊的撫養費。他

對伯爵爵位抱有一點嘲笑的態度，但他並不反對通過各種方式使之派上用場，特別是用它可以理所當然地參加官方的論壇，在那裏他發表反傳統的獨立見解本會產生極大的效果。然而他還是不常出席上議院的集會，保留着對英國階級制度應有的一種蔑視。

大約就在這時，羅素的婚姻經受着來自辦學的壓力和夫妻雙方都有的私通行為的嚴重考驗。羅素並不反對多拉的私通行為，但是他不願養育由此生下的孩子。多拉由於與一個美國情人相戀而懷了孕，生下的孩子最初登記為羅素的子女；後來，他在德布雷特氏貴族年鑒上看到孩子的名字列為羅素的後代，便起訴要求除名。由此看來，羅素還保留有一些看重家系的衝動。

離開學校並與多拉分手之後，加上從兄長那裏繼承下來的債務，羅素仍然必須靠他的一支筆謀生。他給美國赫斯特報刊撰寫專欄文章，這項報酬豐厚的合作到1930年代初期便告結束，所以羅素不得不集中精力寫書。1932年他發表了《科學觀》，1934年又發表了他的最佳著作之一，一部題名為《自由與組織：1814–1914》的政治史。1935年發表了《閒暇頌》，1936年又發表了《怎樣獲得和平？》。在《怎樣獲得和平？》中，他重申他有保留的和平主義並重提他贊成世界政府的主張。但是到這本書面世的時候，他已經感到有必要對和平主義做進一步的限制，特別是面

對他所看到的(正如前兩三年在德國發生的事件所表明的)納粹主義這樣一種「十足令人震驚」的威脅的時候。到第二次世界大戰爆發時，他已經決定必須毫不含糊地抵抗希特勒。

1937年羅素發表了《安伯利文獻》，這是長達三卷的關於他父母生平的記錄。他覺得這部著作「讓人感到平靜」，因為他欽佩並且深深同意他父母的激進觀點，還對他們那個(在羅素看來)更有希望、更為寬闊的世界感到留戀，他們就曾在那個世界裏為實現自己的觀點而奮鬥過。羅素在寫這本書和《自由與組織》時，得到一位年輕女子的幫助。此人名叫帕特里夏(一般稱呼她「彼得」)·斯彭斯(Patricia Spence)，從前曾在他的學校教過課。彼得先是他的情人，後來在1936年成了他的第三任妻子。1937年他們有了一個兒子，取名康拉德。他們搬到一所離牛津不遠的住宅；羅素去牛津講課並與一些年輕哲學家進行討論，其中就有艾耶爾(A.J. Ayer)。1938年他出版了《權力：一種新的社會分析》；他在牛津授課的講稿成了他的下一部哲學著作，即1940年出版的《對意義和真理的探究》(最初定的書名是「語言與事實」)。

1938年羅素同彼得和康拉德去美國，應聘擔任芝加哥大學訪問教授。他雖然同那裏的優秀學生和同事們(其中有卡爾納普Rudolf Carnap)進行過令人興奮的談話，但他卻與哲學系主任合不來。他不喜歡芝加

哥，説那是「一個天氣很壞、令人討厭的城市」。到了這年年底，羅素一家去了加利福尼亞，那裏的氣候總的説來要舒適宜人得多。羅素在加州大學洛杉磯分校授課。1939年夏天約翰和凱特也來加州度假，戰爭的爆發使他們無法返回英國，羅素就將他們安置在加州大學。

儘管這裏有很好的陽光，他在加州大學還是不如在芝加哥大學愉快，因為教師和學生才智平庸，大學校長更讓羅素感到特別討厭。一年以後，他接受了去紐約市立學院擔任教授的聘請。但就在他就職之前，人們以反宗教和不道德為理由掀起了一場針對羅素的惡意誹謗。發起人是一位主教派的主教，受到天主教徒的熱烈支持，並且由於該學院的一個未來女生的母親提出訴訟而引起大家的注意。這個名叫凱夫人的母親説羅素在該學院的出現對她女兒的操行會造成危險。羅素不能向法庭申訴，因為訴訟是控告紐約市政府的，羅素本人並不是訴訟的一方。凱夫人的律師説羅素的著作宣揚「淫蕩、縱慾、好色、貪慾、色情狂、激發情慾、不虔誠、偏見、説謊和不道德」。這種指責的理由之一是羅素在一本書中講幼小的孩子不應為手淫受到懲罰。那位愛爾蘭天主教法官比凱夫人的律師辱罵得更厲害。自然是凱夫人打贏了官司。

這場訴訟不僅煽動起整個紐約市和紐約州，而且促使全國都反對羅素。他被迫失去了在紐約的工作，

起初也不能在別的地方找到教學職位，沒有報刊請他寫專欄文章。在戰時狀態下他不可能從英國得到財源。這樣一來他就成了一個漂泊海外、失去生計的人，還有一家人要他養活。

羅素首先由於1940年哈佛大學慷慨邀請他去講學，隨後又得到費城百萬富翁巴恩斯博士的聘請而得以擺脫困境。巴恩斯博士是一位熱情的藝術收藏家，建立了一個主要從事藝術史研究的基金會。他與羅素訂了一項為期五年的給基金會講課的合同。羅素在一間掛滿法國裸體畫的屋子裏講課；這使他覺得很有趣，儘管與學院派哲學有些不協調。巴恩斯性格有些古怪，傳聞常和工作人員吵架；羅素的工作期限還不到一半，他就突然發出解僱通知，理由是他認為羅素講課準備得不好。後來這些講稿以《西方哲學史》這一書名出版，從廣為流傳和金錢收入來看，這是羅素最成功的一部著作。羅素為對方毀約而提出控告，把講稿交給法官審閱，官司打贏了。必須承認這部名著有些部分寫得相當膚淺，讓人與那位費城百萬富翁產生同感。但在其他方面這部書卻寫得極其引人入勝，是縱論西方思想的一個宏偉概觀，而富有啟發性地將西方思想納入歷史背景之中也是其一大特色。羅素寫這部書感到很愉快，這種樂趣也在行文上表現出來。他後來講到該書時所說的話同樣表明他知道其中的缺點。

羅素與巴恩斯關係破裂之後，《哲學史》的寫作

繼續在布林·莫爾學院的圖書館中進行。將羅素請到該校是由於保羅·魏斯教授的善意幫助，當時他正等待英國駐華盛頓使館批准他返回英國。三一學院已經給了羅素一個研究員的職位，加上《哲學史》頗為豐厚的預支稿酬，這就讓羅素解脫了困難。在羅素冒著大西洋上德國潛艇攻擊的危險乘船回國之前，他曾在普林斯頓做了短暫逗留，同愛因斯坦、庫爾特·哥德爾(Kurt Gödel)和沃爾夫岡·泡利(Wolfgang Pauli)進行過一些討論。

以後幾年他在劍橋大學授課，1945年出版《哲學史》，1948年出版《人類的知識：其範圍與限度》。這是羅素最後一部哲學巨著，由於未受到哲學界的重視而使他感到失望。他認為一個原因是維特根斯坦的思想在當時及其後一段時期相當流行。1949年是他稱為登上「榮譽頂峰」的一年：他在劍橋大學的研究員職位改為無須授課的終身研究員；當選為英國社會科學院榮譽研究員；英國廣播公司邀請他做第一次雷斯系列講演；國王喬治六世授予他功績勳章；下一年他又被授予諾貝爾文學獎，消息傳來時正值他又一次訪美途中。

羅素對被授予功績勳章還是很高興的，他去白金漢宮接受了勳章。國王喬治對於要溫和有禮地給一個曾判過刑的反傳統的通姦者授勳這件事感到有些為難。此外這個人(用他自己的話說)「長相很奇特」，

所以他說：「你以前的某些行為，如果推而廣之，是不恰當的。」羅素一下子湧到嘴邊卻又沒說出來的回答是：「正像你的兄長」，指的是退位的愛德華八世；他換了個回答：「一個人的行為應該怎樣全看他的職業而定。比如說郵差應該敲打街上每個有來信的家門，但是如果另外有人敲打所有的家門，他就會被人當作公害。」於是國王匆忙改變了話題（《自傳》，第516–517頁）。

羅素新獲得的榮譽地位，特別是他長期反對蘇聯共產主義的立場，使他在寒氣逼人的冷戰中成了對英國政府有用的人。他以這種資格去德國和瑞典做講演。在後一場合遇上水上飛機在特隆海姆港墜毀，迫使他游過冰冷的海水才脫險。而在前一場合則使他暫時當上英國武裝部隊的一員，這讓他很開心。

羅素在1950年代去了很多地方（去過澳大利亞、印度，重訪美國，還去了歐洲大陸和斯堪的納維亞），一路上發表演講並受到名人身份的招待。在跟彼得・斯彭斯分手三年以後，他同伊迪絲・芬奇（Edith Finch）這個長期的美國朋友結婚，到巴黎去度蜜月；即使在觀賞這個城市風光的短途瀏覽中（兩人都未曾以觀光者的眼光來瀏覽過巴黎，因為他們都在這裏居住過），人們還是認出了羅素，許多人都擁到他周圍。

羅素的旅行與講演總是會收集成書的。他主持的雷斯系列講演後來以《權威與個人》為書名出版。

1954年他發表了《從倫理與政治看人類社會》，其中收進他接受諾貝爾獎時的演講。由於他獲得的諾貝爾獎是文學獎(授獎詞提到《婚姻與道德》)，這就激發了他寫小說的興趣。1912年他寫過一部小說，但並未打算發表；現在他寫了《郊區的惡魔》和《名人的噩夢》這兩部短篇小說集 —— 說得更確切些是寓言故事，都有哲學或論戰的含意。1956年他發表了《記憶中的肖像》，這是一組描述他所認識的名人的特寫；1959年又發表了一部思想自傳即《我的哲學發展》，總結他自童年起經歷過的思想進展。

但是，任何人如果認為羅素已經進入官方權力體制之內並且願意退下來去過備受尊敬的、清靜的晚年生活，都是錯誤的；因為羅素看出世界正被一種令人恐怖而且迅速增長的危險所困擾，所以感到迫切需要抵禦這種危險。這就是大規模殺傷性武器的擴散。從1950年代中期到他1970年2月去世，他一直以年輕人的熱情參加反對核武器和戰爭的運動，甚至還受到又一次入獄的判決，鑒於他年事已高(當時他已九十多歲)，減刑為在監獄醫院監禁一年。在生命的最後幾年，他又遭到人們的厭惡和敵視，特別是因為他對美國在越南的行動做出了似乎過份激烈、判斷有欠審慎，甚至有些歇斯底里的抨擊。後來人們才知道他對美國戰爭罪行的控告都是根據大體正確的資料。羅素在做出這些努力的過程中，擔任過核裁軍運動的首任

主席，出版了兩本書(《常識與核戰爭》和《人類有前途嗎？》)，推動召開了帕格沃什會議，後來為了反對越南戰爭還同讓–保羅・薩特(Jean-Paul Sartre)一起組成國際戰爭罪犯法庭。

羅素最後十五年中的政治鬥爭將在下面第四章中詳加討論。在羅素生命結束之前，儘管年老體衰而且患病(但他直到最後都保持着活力而且思維敏捷，活到九十八歲高齡)，他似乎隨着時間又活得年輕起來；他的祖母給世界送來的是個老成持重的維多利亞時代的人，而他卻變成了一個永遠年輕的遊俠騎士：誠實、不屈不撓、具有令人生畏的智力和偉大的寫作才能。他利用自己的天賦(其中主要是他那銳利無比的推理能力和機智)同兇暴的人進行鬥爭。

那些受到公眾注意的人在時間的遠景中不是被放大便是被縮小了，大多數人縮小成山腳小丘(也就是成了腳注)，而少數人則上升到巍峨的喜馬拉雅山之巔。羅素便是一個高高站立在頂峰上的人。

第二章
邏輯與哲學

引言

照羅素自己的説法，他研究哲學的主要動機就是要找出確實可靠的知識，這一與笛卡兒相同的雄心壯志來自他早年兩次思想上的危機：他失去了宗教信仰，而且對於必須以未證明的公理作為幾何學的基礎感到失望。他最早真正有獨創性的哲學努力就是要證明數學是建立在邏輯的基礎之上。這一努力如果成功本會給數學知識提供確實性的基礎。這個計劃失敗了，然而由此卻產生了許多重要的哲學進展。隨後羅素轉到一般哲學問題上來，在這裏就更難找到確實性。儘管確實性難以捕捉，他還是努力構建一些理論，希望它們會提供滿意的解決。他一再重新研究這些問題，發展並且改變自己的觀點，但對於使用來自他的邏輯工作的分析技術卻一直抱有信心。他覺得最終能夠取得某種程度的成功，儘管他知道在哲學同行中很少有人會同意他的看法。

當人們考察羅素的哲學工作時，如果暫不去看這

是很長時間內演變的結果，經常並且長期由於其他活動而中斷這一事實的話，人們就會驚訝地發現其演變的連續性和邏輯性有多強。用羅素本人對自己哲學發展所說的話來講，他的哲學生涯分為兩個部分：第一部分是他早期與觀念論的短暫調情，第二部分則是受到他所發現的新的邏輯技術的啟發，從此一直支配着他的哲學觀：

> 我的哲學工作有一個重大分界；在1899到1900年我採用了邏輯原子主義的哲學和皮亞諾的數理邏輯的技術。這是一次很大的革命，使得我以前的工作，除了純數學方面之外，同我以後做的每一件事完全無關。這些年發生的變化是一次革命；以後的變化就是演變性質的了。(《我的哲學發展》，第11頁)

革命以後的演變是重大的，但是每走一步都受到必須解決前面階段留下的問題的推動，或者如果問題太大，就另外尋找前進的途徑。布勞德(Charles Broad)說「伯特蘭·羅素先生每過一年左右便會搞出一套新的哲學體系，而G.E.摩爾則一個也搞不出來」。在羅素所關注的問題上所顯示的辯證連續性表明這句俏皮話對於摩爾來講也許是對的，但卻不能用在羅素身上，特別是它暗示羅素在其哲學歷程中所走的步伐有着某種反復無常的東西。

在取得學位與發現皮亞諾之間的年月 —— 大體說是1890年代 —— 羅素接受了他在劍橋大學的老師所喜歡的德國觀念論。他的研究員論文的出版文本是從康德觀點做出的關於幾何學的闡述，但是他主要還是皈依黑格爾。他寫過一篇黑格爾觀點的數論，還計劃寫出一套完整的關於各門科學的觀念論辯證法，目的是以黑格爾的方式證明一切實在都是精神性質的。

羅素後來拋棄了這項工作，並以他特有的直率貶之為「地地道道的廢話」（《我的哲學發展》，第32頁）。正如我們已經看到的，他的哲學方法的革命產生於他同摩爾一起對觀念論的反叛和他發現了皮亞諾的邏輯著作。最後一點特別重要，因為這喚起了羅素要從邏輯導出數學的雄心壯志並為此提供了手段。1900到1910年之間的歲月主要就用在這項工作上，大量有價值的哲學成果都產生在這個過程之中。這一計劃是在《數學的原理》（1903）中提出的，而完成細節的努力就促成了《數學原理》（1910–1913）的問世。在羅素同時寫出的經典性哲學論文當中就有《論指示》（1905），其中有些思想在以後的哲學史上產生了極其重要的影響。

《數學原理》的出版結束了有關的邏輯工作，而這些年的哲學工作卻在此後繼續進行。羅素着手把這部著作中發展起來的分析技術應用到形而上學（探討實在的本性）和認識論（探討我們怎樣得到知識和驗證

知識)的問題上來。他那本經得起時間考驗的經典小書《哲學問題》(1912)概述了他當時所抱的形而上學和認識論的觀點。他打算在以後的著作裏對這些觀點做更詳細的闡述，並於1913年開始寫一部大書的初稿，即在他去世後才出版的《認識論》(1984)，但是他對其中某些方面感到不滿意，所以並未成書出版，而是通過一系列論文形式發表了其中的一部分。與此同時，懷特海建議他使用邏輯技術去分析知覺，這一啟發的成果是他在哈佛大學所做的一系列講演，後來彙集成《我們關於外部世界的知識》(1914)一書出版。這本書以及同一年發表的一篇名為《感覺材料與物理學的關係》的論文表明，羅素有一段時期暫時轉而採納了某種類似現象論的立場。「現象論」的觀點認為，知覺的知識是可以通過我們對感覺經驗的基本材料的親知來分析的。(我說「某種類似現象論」的立場，因為儘管羅素在半個世紀以後將這些觀點稱為現象論的觀點，在原來的著作中卻並非如此明確；這一點將在以下適當的地方加以討論。)四年以後，羅素在另外一系列講演中把他的分析方法應用到物體和關於物體的討論上去。他給這些講演取名為《邏輯原子主義的哲學》。與此同時，他發表了一本實際上是《數學原理》的通俗版本的書，說明數理哲學的基本思想。這本書就是《數理哲學引論》(1918)。

在1920年代，羅素試圖擴大並改進他的分析技

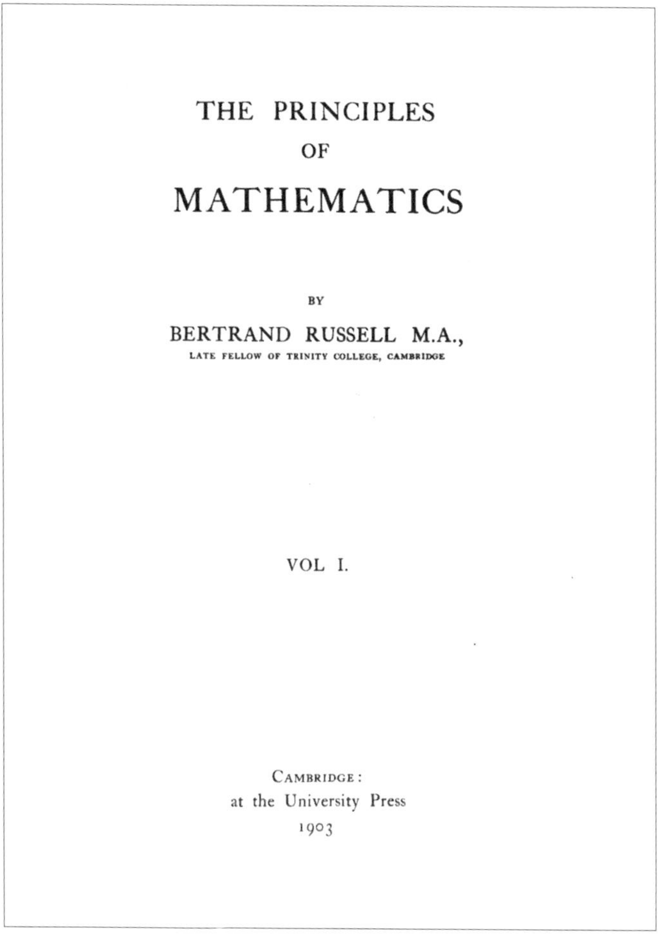

THE PRINCIPLES

OF

MATHEMATICS

BY

BERTRAND RUSSELL M.A.,

LATE FELLOW OF TRINITY COLLEGE, CAMBRIDGE

VOL I.

CAMBRIDGE:

at the University Press

1903

圖7　1903年出版的《數學的原理》扉頁，該書的前提是，數學與邏輯是一回事

術，把它們應用到心理學和物理學的哲學上來。這種努力的第一個成果是《心的分析》(1921)，在書中他的準現象論被用來分析心理的實體。第二個成果是《物的分析》(1927)，羅素在書中試圖通過事件來分析物理學的主要概念，例如力和物質。這本書的論點帶有強烈的實在論傾向；羅素認為，分析物理學的基本概念卻不承認某些不靠對它們的知覺而獨立存在的實體是行不通的，這也標誌着他與現象論的暫時結合已告結束。這也許可以叫作對實在論的「回歸」，因為羅素在寫《我們關於外部世界的知識》之前曾經信奉過一種比較極端的實在論。

羅素重返某種形式的現象論或接近現象論的立場之後，又重新考察一些他現在覺得在現象論的假定下未曾得到適當處理的問題。結果他就寫成了《對意義和真理的探究》(1940)，在這裏他又一次討論了經驗與偶然性知識的關係；他在《人類的知識》(1948)一書中則特別重新考察了一個在先前著作中沒有充分討論的問題，即一般認為在科學中使用的非證明性(非演繹性)推理這個重要問題。

對羅素思想發展的每一階段都值得做詳細的討論，這可以在後面延伸閱讀書目所列著作中找到。在以下幾節中我將概括地講述這些階段。

對觀念論的否定

觀念論有許多不同的形式，但其基本主張卻都認為實在從根本上講是精神性質的。「觀念－論」(Idea-ism)也許是個更容易讓人明白的名稱。這是哲學上的一個專門名詞，同英語中「理想」(ideal)一詞的通常意思毫無關係。照貝克萊主教(Bishop Berkeley)所主張的那種觀念論來講，觀念論的論點是：實在歸根結底是由精神群體及其觀念所構成。其中一個精神無限廣大，產生大多數觀念；貝克萊認為這就是上帝。照後來格林(T. H. Green)和布拉德雷(F. H. Bradley 他們都深受德國觀念論的影響)所主張的觀點講，觀念論的論點是：宇宙歸根結底是由一個單一的精神所構成，這個精神可以說是經驗其自身的。他們論證說，我們有限的、部分的和個人的經驗是相互矛盾的，或者說至少起着誤導的作用。這些經驗告訴我們，世界是由眾多的各自獨立的存在實體所構成，這些實體當中有許多(如果不是大多數的話)是物質的而不是精神的。這些眾多的事物只是「現象」，「現象」蒙蔽而不是代表實在的本性。這就蘊涵着一個與觀念論觀點相伴隨的重要論點(這是羅素已經認識到要接受的論點)，即因為事物的眾多性是一種令人產生誤解的現象，所以真理就是：宇宙中每件事物都與每件另外的事物相關，所以宇宙歸根結底是一個單一的事物 —— 每件事

物都是「一」。這種觀點叫作「一元論」。

當摩爾與羅素在1898年反駁觀念論(摩爾的《判斷的性質》一文的發表是這一事件的標誌)的時候,他們攻擊了觀念論的兩個主要論點,即經驗與經驗對象是不可分開的相互依賴關係,以及每件事物都是一。因此他們兩人採取了「實在論」論點,即認為經驗對象並不依靠關於對象的經驗,也接受了「多元論」的論點,即認為世界上存在許多各自獨立的事物。

羅素看到觀念論和伴隨它的一元論來自一種涉及關係的觀點,而一旦否定了這一觀點,便會走向多元的實在論。表示關係的句子有「A在B的左邊」「A比B早」「A熱愛B」等。羅素認為,按照觀念論的看法,一切關係都是「內在的」,也就是說關係是其所聯繫的各個項的屬性,而詳盡講來關係就顯示為在充分描述下由關係項所形成的整體的屬性。有時這似乎是言之成理的;如在「A熱愛B」中A對B的熱愛是A的一個屬性(也就是說,是一件關於A的本性的事實),而「A熱愛B」所指示的複合事實則具有B被A熱愛的屬性。但是如果一切關係都是內在的關係,那麼立刻就會得出這一結論,即宇宙構成了觀念論哲學家哈羅德‧喬基姆(Harold Joachim)所說的一個「有意義的整體」,因為這意味着任何一件事物都與每件另外的事物有關乃是該事物的部分本性,並且因此充分描述任何一件事物就會講出關於整個宇宙的一切知識,反過

來説也對。布拉德雷是這樣闡述他的論點的：「實在是一。實在必須是單一的，因為認為眾多性是真實的乃是自相矛盾。眾多性蘊涵着關係，而通過關係它卻不自願地一直在表明有一種高級的統一。」（《現象與實在》，第519頁）

與這種觀點相反，羅素爭論説觀念論者犯了一個根本性錯誤。這就是他們把一切命題都看成屬主謂語形式。看一下這個句子：「這個球是圓的。」這個句子可以用來表達一個命題，一個已知的球被表述為具有圓的屬性（「被表述」的意思是：關於，説到）。按照羅素的看法，觀念論者誤認為一切命題，甚至包括關係命題，最終都屬主謂語形式；這就意味着每個命題歸根結底都必定構成對於整個實在的一個表述，而關係本身則是不真實的。舉例説：按照觀念論者的看法，「A在B的左邊」這個命題應該正確理解為：「實在具有A顯現在B的左邊這種屬性」（或某種類似的説法）。

但是如果人們看到許多命題屬不可化約的關係形式，那麼就會看出一元論是荒謬的。説許多命題是不可化約的關係命題也就是説關係是真實的或「外在的」──關係並非植根於它們所聯繫的關係項上；「在左邊」的關係並非本來就屬任何一個空間客體，這就是説沒有任何空間客體必然在其他事物的左邊。羅素爭論説，為了證明「A在B的左邊」是對的，就必

須有一個A和與之分離的B，這樣才能使前者與後者處於「在左邊」的關係。當然，說有多於一個的事物也就是駁斥了一元論。

就羅素來說，駁斥一元論就是駁斥觀念論，因為觀念論的要害就在於它認為經驗與其對象之間的關係應當是內在的；這實際上是說沒有這種關係；這實際上又等於說關係是不真實的。但是照羅素的相反觀點看，關係是真實的，經驗不能與經驗對象混同；也就是說這些對象在經驗之外獨立存在。而這就是羅素和摩爾所指的實在論的要旨。

羅素認為，所有觀念論者(包括萊布尼茨在內)以及以前的經院哲學家所主張的實體與屬性的形而上學都持有一切命題都屬主謂語形式的看法，這一點是否正確是可以爭論的。但是他確實認為自己發現了以前哲學中一個非常重大的缺點。在駁斥了觀念論之後，羅素有一段時間走到了另一個極端，即對一切事物都持有實在論的立場。照他自己的說法，他是一個「樸素的實在論者」，意思是說他相信物體的一切被知覺到的屬性都是物體的真正屬性；是一個「物理實在論者」，即相信物理學中一切理論性實體都是「真正存在的實體」(《我的哲學發展》，第48–49頁)；是一個柏拉圖式的實在論者，即也相信「數、荷馬諸神、關係、神話怪物和四維空間」的存在或者至少相信其「實有」(一種受限制的或較低程度的存在)(《數學

的原理》，第449頁）。羅素後來對這一繁茂的宇宙用
「奧卡姆剃刀」進行了修剪，後者也就是不讓實體不
必要地增長的原則。舉例說，如果物理客體可以完全
用原子內的實體加以說明，那麼宇宙的一個基本事物
清單就不應該包括樹木以及構成樹木的夸克、輕子和
計量粒子。羅素後來就是這樣使用分析技術的。但是
他仍然相信《數學的原理》中無所不包的實在論，這
是他1900年接觸到皮亞諾的著作之後又回到的立場。

數學的基礎

　　萊布尼茨曾經夢想創立一種普遍的符號語言
(characteristica universalis)，即一種普遍的和完全精確
的語言，使用它將會解決一切哲學問題。羅素在其
論述萊布尼茨的書中看出這是一種想建立符號邏輯
的願望。當時羅素心目中的符號邏輯是指喬治‧布
爾(George Boole)在19世紀中葉發展起來的「布爾代
數」。但是當時他並不認為，萊布尼茨關於哲學問題
能夠靠使用一種演繹邏輯系統的技術而得到解決的看
法是對的，理由是任何真正重要的哲學問題都是關於
「演繹之前」的問題，即一些在作為推理起點的前提
中所涉及的概念或事實。羅素爭論說，不管這些概念
或事實是什麼，它們不能由邏輯來提供；邏輯只能幫
助我們就它們進行推理。

但是羅素在接觸到皮亞諾的著作之後改變了自己的想法。皮亞諾在邏輯技術上取得的進展(弗雷格已經先走了這一步，但當時皮亞諾和羅素都不知道此事)立即讓羅素想到怎樣表述邏輯的基本原理，以及怎樣表明兩個至關重要的道理：首先是數學概念怎樣能夠靠這些原理加以界定，其次是一切數學真理怎樣根據它們得到證明。簡單說，這啟發了羅素去表明數學與邏輯是一回事。這就是《數學的原理》及其更為詳盡完備的版本《數學原理》兩部著作的目的。

　　從邏輯導出數學的方案被稱為「邏輯主義」。在《數學的原理》一書中，羅素並未對計劃的這一部分做出嚴格的證明，他只提出了非正式的概述。他把嚴格的證明留給了《數學原理》。推遲到《數學原理》才完成這項工作的主要理由是，他發現了一個威脅到整個計劃的悖論。

　　羅素的首要工作是用無可再少的純邏輯概念來界定數學的概念。(這裏將出現三段非正式的講技術的文字，讀者不必望而生畏。)設「p」與「q」代表命題，這些邏輯概念是：否定(非p)，析取(p或q)，合取(p並且q)，蘊涵(如果p，那麼q)。除了這些運算之外，還有表示內部結構的符號：「Fx」是一個其中有代表任何個體的變量「x」的函項，而「F」則是代表任何屬性的謂詞字母。這樣「Fx」就表示x是F(它所表示一個例子是：「這棵樹高」)。羅素能夠使用的重要技術進

展之一是一種量化這類函項的方法。使用目前邏輯上通用的符號，表示量化的方式如下：(x)表示「所有的x」，所以(x)Fx表示所有的x都是F，(∃x)表示「至少有一個x」，所以(∃x)Fx表示至少有一個x是F。最後則是等同的概念：「a = b」表示a和b不是兩件東西而是同一件東西。使用這種簡單的語言就可能界定數學的概念。

較早的數學家已經探討過數學概念之間的關係，看出這些概念全都可以化約為自然數(1、2、3等用來計算的數字)，儘管還沒有一個人精確證明這一點。所以計劃的第一步就是用邏輯概念來界定自然數。這是弗雷格早已做的工作，儘管羅素在當時並不知道這件事。

這種界定使用了類的概念：2是由所有成雙的事物組成的類，3是由所有三件事物組成的類，以此類推。而反過來「雙」則被界定為具有分子x和y的類，這裏x和y互不等同，而且如果這個類中有另外的分子z，那麼z等同於x或y。數的一般定義是通過相似的類所構成的集合來表述的，在這裏「相似性」是一個表示一一對應的關係的精確概念：如果在兩個類的分子之間可以確定具有一一對應的關係，這兩個類便是相似的。

分清這些概念之後，許多問題便得以解決，其中有：怎樣界定0和1(羅素指出，這些是最困難的數學問題當中的兩個)，怎樣克服「一與多」的難題(一把椅

子包含多少事物：它是一還是多──如果你算一下其各部分和成份的話？)以及怎樣理解無窮大？一旦界定了全部數字，那麼其他種類的數(正數和負數、分數、實數、複數)便不會有多大困難。

所以計劃的第一部分──用邏輯概念界定數學概念──看起來大部分是不成問題的，只要用上正確的技術。第二部分──完全屬邏輯主義的部分，它表明數學真理可以從邏輯的基本原理得到證明──卻遇到了極大的困難。

照羅素當時的觀點看，造成這種困難的主要原因是他發現了悖論。這個悖論涉及上面概述的一個對該計劃至關重要的概念，即類的概念。在羅素的研究過程中，他被引向考慮這一事實，即有些類是其自身的一個分子，而有些類則不是。舉例說，茶匙組成的類不是一個茶匙，所以不是其自身的一個分子；但是不是茶匙的事物組成的類卻是其自身的一個分子，因為它不是一個茶匙。那麼由所有這些不是其自身的類所組成的類又是什麼情況？如果這個類不是其自身的一個分子，那麼根據定義它便是其自身的一個分子；而如果這個類是其自身的一個分子，那麼根據定義它便不是其自身的一個分子。因此它既是其自身的一個分子又不是其自身的一個分子。這就出現了悖論。

最初羅素認為毛病出在某個微不足道的錯誤上，但是在他為了解決問題付出很大努力並且在徵求過弗

雷格和懷特海的意見之後，他才明白這裏的問題是個災難。羅素在發表《數學的原理》時並沒有找到補救的辦法。但是到他與懷特海合寫《數學原理》時，他認為已經找到了一條出路，然而他的策略卻招來很多爭議。情況可以講述如下。

羅素發現，要從純邏輯的公理演繹出數學的定理不能不依靠輔助性公理來進行，這些輔助性公理使得證明算術和集合論中的某些定理成為可能。兩個輔助性公理（其細節並不重要；我提到它們是為了完整性）是「無窮公理」（意思是說世界上有無窮多的集合）和「選擇公理」（有時也叫「乘法公理」，意思是說對於每一個由沒有相同分子的非空集合組成的集合來說，都存在着一個與每個子集恰好有一個相同分子的集合）。人們需要這些公理，以便讓數用類來界定，正如上面所說的那樣。但是這兩個公理看來都包含一種困難，這就是它們的性質都是關於存在的，即它們表示「有如此這般的東西」。就第一個公理說是數，就第二個公理說是集合，而這就成了一個問題，因為邏輯並不應該涉及什麼事物存在或不存在，而只是關心純形式問題。但是羅素卻發現了一個解決方法，即把數學句子看作條件句，也就是具有「如果 —— 那麼 ——」形式的句子，用這些公理填滿「如果」的空白：這樣它們就表示「如果你以這個公理為前提，那麼 ——」。由於這些條件句本身可以從邏輯公理中推

導出來，表面上引進的關於存在性質的考慮就沒有什麼重要性了。

但是第三個輔助性公理即「可還原性」公理產生的困難卻大得多。這是羅素用來克服悖論問題的公理，然而其他邏輯學家卻認為難以接受。

可還原性公理與羅素的「類型論」是聯繫在一起的。要理解這個理論，通俗一點講就是要看到出現羅素所發現的悖論乃是因為，把不是其自身的一個分子這種屬性應用到由所有具有該屬性的類所組成的類上。如果引進一種限制，使這種屬性只應用於子類，而不應用於由這些類組成的類，那麼悖論就不會出現。這使人想到在屬性之間應該有某種類似層次區別的東西，例如那些歸屬於某一層次的屬性不能歸屬於高一級的層次。

有一種類型論的說法，它比羅素的類型論要簡單；這種類型論抓住了這一直觀認識並被某些邏輯學家認為言之成理。這是數理哲學家弗朗克·拉姆齊(Frank Ramsey)所提出的，叫作「簡單的類型論」。其要點是：應用於某一話域的語言具有一級層次的表達式(即名稱)，它們指稱該領域內的事物；它具有二級層次的表達式(即謂詞)，它們只指稱這些事物的屬性；它還具有三級層次的表達式(即關於謂詞的謂詞)，它們只指稱那些屬性的屬性——以此類推。規則是每一個表達式都屬一個特殊類型並且只能應用於

整個等級中下一個類型的表達式上。依照這種非正式的概述，人們會看出這種策略怎樣讓人想到一個解決悖論問題的方法。

羅素的較複雜的類型論叫作「類型支論」。（如何正確理解這個理論是個有爭議的問題，可參閱海爾頓著《羅素：觀念論與分析哲學的興起》的第七章，但是可以把下面的概述當作一個初步的簡要說明。）羅素引進類型支論（即在類型之內再分為「階」）的理由在於他認為在解決悖論問題上特別需要它。他認為悖論問題產生於試圖用包含涉及「一切屬性」的表達式來界定屬性，所以關於「一切屬性」的說法必須嚴格加以限制。比如說，類型1的屬性因此就要再分為不同的階：「一切屬性」這個表達式不出現在第一階屬性的定義中；「第一階的一切屬性」這個表達式出現在第二階屬性的定義中；「第二階的所有屬性」這個表達式出現在第三階屬性的定義中；以此類推。因為從不涉及不從屬一個特定階的「一切屬性」，所以沒有任何屬性是通過涉及它所從屬的整體來界定的。這就避免了悖論。

但是這樣做卻付出了很大代價。它給實數理論引進一些困難，因為把其中最重要的定義和定理都給阻擋在外了。為了克服這個問題，羅素又引進了可還原性公理，這個公理試圖找到一種方法，將一個類型中的階還原為最低的階。這一策略曾被一位評論家說成

是使用「暴力」來拯救實數理論，羅素在《數學原理》的第二版(1927)中也放棄了它。但是因為他不能承認類型支論之外還有另外的解決辦法，所以就陷入了困境。為了應付這種局面，拉姆齊才提出了上面簡述過的「簡單」類型論。(也應該看到拉姆塞的理論也有其自身招來的爭論。這個理論提出了一個有爭議的主張，即認為那些將屬性歸屬自身的定義所帶有的循環性是無害的；它還要求對未下定義前的整體的存在抱着同樣有爭議的實在論觀點。)

羅素雄心勃勃的邏輯主義構想陷入了困難境地，部分由於這些構想自身的原因，部分則由於邏輯主義本身就行不通，正如以後的數學發展(特別是哥德爾的工作)所表明的那樣。哥德爾表明在任何適合數論的形式系統中都有一個不可判定的式子，即這個式子或其否定均不能得到證明。由此得出的一個推論是，這樣一個系統的一致性不能在該系統之內得到確認。所以人們不能認為數學(至少是其中大部分)可以有一組足以產生所有數學真理的公理。羅素的工作表明公理的方法有其深刻的固有的局限性，也表明要證明許多種類的演繹系統的一致性，唯一的辦法就是使用一種很複雜的系統，以致其自身的一致性也同樣讓人置疑。

羅素要求他的邏輯主義方案完成一種排除可能有矛盾存在的形式系統化工作。哥德爾的工作說這是不可能的。由此得出的結論必然是：《數學的原理》以

及特別是《數學原理》的成就不在於它們實現其既定目標的程度，而在於它們對邏輯和哲學所產生的也許可以稱為「副產品」的許多重要影響。

摹狀語理論

最有影響力的「副產品」之一就是羅素的「摹狀語理論」。羅素在創建這個理論上達到了幾個不同的目標。他從反對觀念論的爭論中得到的一個教訓是：語言的表層語法可能對我們所說的話的意義產生誤導作用。正如上面所指出的，導致哲學家採用實體與屬性的形而上學(正如哲學史上的爭論所表明的，這是一種陷入深刻困境的觀點)的理由是，他們將一切命題都看作基本上屬主謂語形式。「桌子是木料製作的」和「桌子在門的左邊」都被認為以「桌子」這個表達式為主語，並以兩句中在連繫詞「是」後面的表達式為謂語。但是儘管第一個句子也許可能表達一個具有該種形式的命題，第二個句子卻是某種十分不同的命題，即一個關係命題：實際上它有兩個主語(「桌子」和「門」)，它斷言兩者處在一種特殊的相互關係之中。所以第二個句子的邏輯形式十分不同於第一個句子的邏輯形式，因此按照羅素的觀點，需要有一種方法顯示我們所說的話的深層形式，以便幫助我們避免哲學上的錯誤。

羅素採取的下一個重要步驟便是將新邏輯應用於這項工作上。正如用它來界定數學的概念和運算一樣，我們也能用它來分析我們關於世界所說的話，從而得出實在的正確圖像。

顯示摹狀語理論怎樣完成這項工作的一個方法就是講述它怎樣解決一個關於意義與所指的重要問題。羅素處理這個問題的背景可以在奧地利哲學家邁農(Alexius Meinong)的著作中找到。羅素認真研讀過他的著作，所以曾在早期受到他的影響。邁農認為指示表達式(類似「羅素」的名字和類似「《數學的原理》的作者」的摹狀語)只有在它們所指示的事物存在時才能有意義地出現在命題(嚴格說是表達命題的句子)之中。邁農爭辯說，假定你說「金山不存在」，顯然當你斷言金山不存在時，你是在談論某件事物即金山；而由於你所說的話有意義，所以在某種意義上必然有一座金山。他的理論是：凡是人們可以談論(命名、指稱)的事物都必然因之而不是存在就是有著某種「實有」，即使這種實有夠不上存在，因為不然我們所說的話便會失去意義。

羅素起初接受這個觀點，事實上在《數學的原理》中還抱有這種看法，這就是如前面所指出的，為什麼他在該書中表示相信「數、荷馬諸神和神話怪物」存在或者至少實有的理由。但是這個觀點的不可信服不久便衝擊了他所謂的「生動的實在論」，因為

這就使宇宙不僅充滿了抽象的和神話中的實體，而且還充滿了類似「圓的方」這樣不可能有的事物。而這正是羅素所不能接受的。

羅素使用邏輯技術來設計一個美好的解決方案。他並不願意放棄那種認為一個名稱只有在被其命名的某種事物存在時才有意義的看法，但是他爭論說，唯一的「邏輯專名」是指示人們能夠親知的特定實體的名稱。羅素所說的「親知」是指一個心靈與一個客體之間無中介的直接關係；其實例包括其對感覺材料的知覺認識(參看下文)以及關於命題等抽象實體的知識。只有邏輯專名可以正當地佔有句子中主語的位置。最好的例子是「這」和「那」等指示代詞，理由是每次使用它們時都保證有其所指。所以其他表面上的名稱表達式事實上根本不是名稱表達式；它們是(或者在分析之後顯示為)「定摹狀語」，即具有「那個如此這般的事物」的形式的表達式。這種表達式的重要性在於：包含摹狀語的句子經過分析之後，摹狀語消失了，故而人們所說的話有無意義並不依賴某種實體的存在或實有，而按照表層語法，這個實體正是摹狀語表面上所指示的東西。

通過考察一個例子就可以看清這一點。且舉「法國現在的國王是個禿子」這個句子，而說話時法國並沒有國王。根據句子永遠是非真便假的設定，人們如果被問到這個句子是真還是假時應當怎樣回答？看來

顯然是要說「假」，不是因為現在的法國國王的頭髮茂密，而是因為他不存在。這一點讓羅素打開瞭解決問題的思路。他爭論說，包含佔有語法上主語位置的定摹狀語的句子，經過分析才看出原來是一組句子的縮寫，這些句子斷言某個具有作為法國現在的國王這一屬性的事物存在、獨一無二並且沒有頭髮。所以「法國現在的國王是個禿子」等於說：

(1) 有一個法國國王；
(2) 只有一個法國國王；
(3) 不管誰是法國國王，他一定是個禿子。

句子(1)斷言其存在；句子(2)斷言其唯一性；也就是說它具有摹狀語中定冠詞「the」所蘊涵的意思，即所談論的只有一件事物；而句子(3)則是謂語表述。原來的句子「法國現在的國王是個禿子」在所有這三個句子都真時便是真的；如果其中有一個假，它便是假的。當前這個句子是假的，因為句子(1)假。

在句子(1)到(3)中，摹狀語「法國現在的國王」都沒有出現。摹狀語消失不見了(已經被分解掉)，沒有必要為了讓這個句子有意義而召喚一個潛存的法國國王。

由於日常語言的不完善以及句子的表層形式能夠偏離其深層的邏輯形式，羅素說這樣給出的分析還不

夠完善。這就需要用符號邏輯的「完備語言」來加以表達。只有這種語言能夠完全清晰地顯示「法國現在的國王是個禿子」所斷言的內容。這個句子的邏輯分析用現在的標準記法寫出來就是：

$$(\exists x)[Fx \,\&\, (y)(Fy \rightarrow y=x) \,\&\, Gx]$$

「&」在這一串符號中代表「和」，將這串符號分成三個相連的式子，所以上面(1)到(3)這三個句子就分別是：

(1) $(\exists x)Fx$

這個式子讀作「有一個是F的x」。設「F」為「具有作為法國國王的屬性」；這個式子就表示「有某個是法國國王的事物」。[當然，如同方括號所表示的，存在量詞$(\exists x)$約束著整串中每次出現的x。]

(2) $(y)(Fy \rightarrow y=x)$

這個式子讀作「對於每一個y來說，如果y是F，那麼y與x等同」。這個式子表示定冠詞「the」所蘊涵的唯一性，即只有一件事物具有屬性F。

(3) Gx

這個式子讀作「x是G」。設G為「沒有頭髮」；這個式子就表示「x沒有頭髮」。

一些反對羅素理論的意見主要都表現為反對他認為摹狀語從來不是指稱表達式的主張，並對他關於包含在語法上佔有主語位置的摹狀語的句子的分析提出質疑。就後一種情況而言，引起一些人爭論的是他認為定摹狀語同時體現唯一性和存在的主張。

關於唯一性這個問題有個例子，即某個人說「嬰兒在哭」。羅素的分析似乎蘊涵著這句話只有在世界上僅僅有一個嬰兒的情況下才為真。解決的辦法是要求有一種含蓄的理解，即這句話的語境就顯示出包容在其應用範圍之內的世界有多大。假如一個嬰兒的父母住在一排公寓裏，這裏有幾十個嬰兒都在哭，他們的嬰兒也跟著哭起來。如果有人說「嬰兒在哭」，那麼顯然不會產生誤解，因為語境把指稱限制到他們對之有特殊興趣的那一個嬰兒身上。看來這是靠直觀就認識到的，它讓人想到怎樣推翻反對的意見，即借助於對「話域」的含蓄的或明言的限制可以做到。

關於存在的問題要更複雜一點。斯特勞森(P. F. Strawson)在一篇被多次引用的關於羅素的理論的討論中爭論說，在說「法國現在的國王是個禿子」時，人們並不是在陳述有個法國現在的國王存在，而只是預先假定或設想他存在(《論指稱》，見《心靈》雜誌，1950年)。這是通過下述事實來表明的，即如果某人

講出這個句子，他的對話者不大可能說，「這是假的」，而會說，「法國現在沒有國王」，從而指明他實際上並沒有做出一個陳述，即他並沒有說出任何真或假的句子。這就等於說摹狀語必然是指稱表達式，因為摹狀語對於包含它們的句子的真值的重要貢獻是：除非它們有所指稱，所說的句子就根本不具有真值。

斯特勞森使用「預先假定」這一概念來說明(照他的相反的觀點看)摹狀語怎樣在句子中起作用。他這個概念引起不少批評性的爭論，而他準備允許有「真值空白」的態度也是一樣。「真值空白」就是在有意義的句子中不存在真值，這就破壞了「兩值原則」，即每個(陳述的)句子必然具有「真」「假」兩個真值當中的一個。但是對於他給予羅素的批評的主要反應卻無疑是說，他的論證所依據的事實(即我們在某人說「法國現在的國王是個禿子」時不會說「這是假的」)並不意味着摹狀語不能被看作是做出了存在的斷言。我們的回答會是否認有一個法國國王，這也許是對的；只說「這是假的」畢竟有可能誤導我們，因為它可能蘊涵某種十分不同的意思，即有一個頭髮濃密的法國國王。但是如果我們回答「現在法國沒有國王」，我們實際上就已經承認使用摹狀語就是做出存在的斷言，因為這正是該否定句所要回答的問題。

另一個反對意見是認為羅素沒有看出摹狀語可以

有兩種不同的用法。且看下面兩種情況。第一種情況是：你看到一幅你喜歡的繪畫，於是就說「畫這幅畫的藝術家是個天才」。你並不知道這位藝術家是誰，但是你卻把天才歸屬給他。第二種情況是：這幅畫是《岩間聖母》，你還知道創作這幅畫的人是列奧納多·達·芬奇。在第一種情況下，摹狀語的用法是「歸屬性的」，而在第二種情況下，其用法則是「指稱性的」。按照提出這一批評的凱斯·唐奈蘭的意見，羅素的說法只涉及歸屬性用法，這是有重大關係的，因為有這樣的情況，即一個摹狀語能夠成功地指稱某個人，即使這個摹狀語並不適用於他——「那個在那邊喝香檳酒的人是個禿子」可能被用來說出某種真實的情況，即使這個禿頭的人杯子裏只盛着汽水。

一種反應是在分析上區分開語義的與語用的層次。羅素的說法適用於語義的層次，這就使「那個喝香檳酒的人是個禿子」在字義上成了假的句子，因為雖然他真是個禿子，他喝的卻是水，在語用層次上則成功地做出了指稱，從而傳達出一種真實情況，因為這種使用完成了任務。但是羅素也許可以爭辯說，由於他的分析針對的是普遍認為具有特定指稱作用的某一類表達式，他所說的話仍然有效；關於用法的問題則是另外的事。

然而這種反應並未提出用法與意義之間關係的問題。如果用法是意義的一大部分，關於用法的事實就

必須在說明表達式怎樣起作用上佔有中心的位置。應該把多大的份量放在用法上，這個問題是有爭議的；一種看法主張用法幾乎就是全部意義，另外一些觀點則反對這一主張。羅素的理論要求我們把表達式的語義學與表達式的用法當作至少是可以分離開的問題。

由於這個以及其他主要與哲學上至關重要的指稱問題(即語言怎樣鉤住世界的問題)相關的理由，羅素的摹狀語理論在語言哲學的爭論中起着重要的作用。為了當前的目的，重要的是用它作為一個他應用分析技術來解決認識論和形而上學方面問題的實例，正如我們現在將看到的那樣。

知覺與知識

哲學的中心問題之一是：知識是什麼以及我們怎樣得到知識？約翰‧洛克(John Locke)及其經驗主義傳統的繼承人爭論說，關於世界的偶然性知識的基礎在於感覺經驗，這要靠使用五官，必要時還要靠望遠鏡等儀器的幫助。羅素同意這種看法，但是經驗主義面臨來自懷疑主義論證的挑戰，這些論證旨在表明我們所認為的知識可能常常(也許一直)沒有合理的根據。這有各種不同的原因。我們有時在知覺或推理上發生錯誤，我們有時做夢而不知自己是在做夢，我們有時由於發燒或飲酒而產生錯覺。在我們斷言自己認識某

種事物的場合，我們怎能確信這種斷言不會由於以上任何一種方式的影響而發生動搖？

1912年羅素在《哲學問題》一書中最早嘗試系統地回答這些問題。他問道：「有沒有任何不讓講道理的人能夠懷疑的確實的知識？」他做出了肯定的回答；但是這種確實性後來卻被證實遠遠不是經過證明的絕對確實性。

根據對知覺經驗的直接觀察（比如說一張桌子由於知覺者或知覺條件的不同而顯出不同的顏色、形狀和質地），我們可以看出事物的表象與事物本身的樣子是有區別的。我們怎樣能夠確信表象忠實地再現我們認為存在於表象背後的實在？正如懷疑主義關於夢境或錯覺的論點所啟示的，甚至還可能產生這樣的問題，即我們是否確信在我們的感覺經驗背後有實在的事物？

為了處理這些問題，羅素引進了「感覺材料」一詞，用來表示在感覺中直接感知的東西：它們是對顏色、聲音、氣味、滋味和質地的知覺認識的具體實例，其中每一類感覺材料對應着五種感官之一。感覺材料要與感受它們的行為區分開來：它們是我們在感受行為中直接感知的東西。正如上面一段考察所表明的，感覺材料也必須與我們身外的世界中我們認為與它們相關聯的事物區分開來。因此至關重要的問題是：感覺材料與物體之間的關係是什麼？

懷疑主義者懷疑我們有權說能夠認識在感覺材料這層面紗後面的東西，甚至懷疑我們有權說物體存在。羅素對此做出的回答是：儘管懷疑主義的論證嚴格說來是不可反駁的，然而卻沒有「絲毫理由」認為這些論證正確（《哲學問題》，第17頁）。他的策略是把支持這種看法的有說服力的理由收集起來。首先，我們可以認為我們關於感覺材料的直接經驗具有一種「原始的確實性」。我們承認，當我們經驗到我們認為與比如說一張桌子有自然關聯的感覺材料時，我們並沒有說盡所有可以談論這張桌子的話。舉例說，我們認為這張桌子在我們離開房間後繼續存在。我們可以買下這張桌子，用布蓋上，把它推來推去。我們要求不同的知覺者應該能夠知覺到同一張桌子。這一切都讓我們想到一張桌子是某種超越那些顯示給我們的感覺材料的東西。但是如果世界上沒有一張桌子擺在那裏，我們就該有必要構想出一個複雜的假說來，認為有與知覺者一樣多的許多看來似乎不同的桌子，並且說明為什麼我們大家講話仍然好像我們在知覺到同一個物體一樣。

但是要注意，如同羅素所指出的，照懷疑主義的觀點看，我們甚至不應該認為還有其他知覺者：說到底，如果我們不能反駁不相信物體存在的懷疑主義，我們又怎能反駁不相信其他心靈存在的懷疑主義？

羅素是通過接受所謂的「相信最佳解釋的論點」

的一種說法來解決這個困難的。他爭論說，採納下面的假定確實更簡易而且有力得多，即首先認為確實有不靠我們的感覺經驗而獨立存在的物體，其次還認為這些物體引起我們的知覺，因此它們與知覺的「對應關係」是可靠的。羅素沿襲休謨的看法，將對這個假定的依賴看作「來自本能」。

他爭論說，此外我們還可以加上一類知識，即關於邏輯的和純數學的真理的先天知識(甚至也許還有倫理學的基本命題)。這類知識完全獨立於經驗之外，完全依靠已知真理的不證自明性，例如「1+1 = 2」和「A = A」。知覺知識和先天知識一旦結合起來就能使我們獲得超越直接經驗的關於世界的普遍性知識，因為第一類知識給了我們經驗的材料，而第二類知識則讓我們可以從第一類知識做出推論。

這兩類知識當中每一類又可再加區分，羅素把它們分別叫作直接的知識和導出的知識。他把對事物的直接認識叫作「親知」。親知的對象本身又分為兩類：特體，即個別的感覺材料，或許還有我們自己；以及共相。共相有各種不同的種類。它們包括「紅」和「平滑」等可感覺的性質，「在……的左邊」或「在……以前」等空間和時間關係，以及某些邏輯上的抽象概念。

羅素把關於事物的導出的知識叫作「描述的知識」，這是有關事實的普遍性知識，是由於把我們親

知的知識結合起來或從中引出推論得到的。人們知道珠穆朗瑪峰是世界上最高的山峰，這是描述的知識的一個實例。

羅素把對真理的直接認識叫作「直觀的知識」，他把這樣認識到的真理說成是不證自明的真理。這些都是「極其明顯的命題，不能從任何更明顯的命題推導出來」。例如我們一看就知道「1+1 = 2」是真。屬直觀知識的還有關於直接經驗的講述；如果我只是陳述我現在意識到的感覺材料，我是不會(除了細小的口誤)錯的。

導出的真理知識就是一切通過不證自明的演繹原則從不證自明的真理推論出來的知識。

羅素說，儘管由於引進我們擁有的先天知識而顯得很嚴格，我們還是必須承認，我們通常的普遍知識的基礎只不過是以「最佳解釋」作為合理根據並依靠認為它可信的本能。所以通常的普遍知識至多相當於「大體上具有蓋然性的意見」，但是當我們看到具有蓋然性的意見形成一個融貫的和相互支持的體系(體系越是融貫一致和穩定，形成體系的蓋然性也就越大)時，我們就明白為什麼我們有理由依賴這些意見。

羅素理論的一個重要部分涉及空間，特別是關注科學所假定的公共空間與個體知覺者的感覺材料所在的個人空間之間的區別。個人空間是知覺者以自己作為框架的中心，將各種不同的視覺、觸覺以及其他種

類的經驗協調起來構成的。但是由於我們對空間沒有親知，所以它的存在與性質就完全是推論出來的東西了。

這就是羅素在《哲學問題》中提出的最早的一種關於知識與知覺的理論。這種說法初看似乎帶有一種常識的清新氣味，但卻遠遠不是沒有問題。例如，羅素說到「原始的」知識並說這就是直觀的知識；但是他並沒有說明這種知識是什麼，而只是說這種知識不需要任何比它本身還要不證自明的道理的支持。但是這個定義實在不夠確切，而他又補充說不證自明有兩種，其中一種是基本的，這就弄得更加含糊。這種區別有沒有意義？「不證自明」究竟是什麼？他也沒有考慮這種可能性，即兩個命題可能互相矛盾，但分開來看卻又顯得不證自明。如果發生這種情況，應該選擇哪一個？並且根據何種附加的關於不證自明的原則？

針對羅素的觀點還有另外一種批評，即說它對於感覺經驗的基本性質做出了一個重要的然而卻是成問題的假定。這個假定認為，感覺材料（即作為最小限量的感覺，如特定的顏色、氣味或聲音等）只是經驗中給予的而且是經驗中最原始的成份。但是照這樣的理解，感官經驗實際上就完全不是「薄薄的」和直接的。倒不如說感官經驗是關於房子、樹木、人、貓和雲彩的豐富而複雜的經驗，照現象學的說法講，它是「厚厚的」，而感覺材料則只是經過一次把我們通常

理解的知覺經驗完全抽空的複雜過程之後才得到的東西。例如我們不是看見一個長方形而推論出這是一張桌子；我們是看出一張桌子，並在關注它的形狀時才看到它是一個長方形。

這種批評就其本身而言無疑是對的，但是有一些辦法可以對它加以調整，使我們仍能描述經驗中純感覺的方面，而無須依靠它所載有的信念和理論的重負。因為整個論點在於，我們是在試圖借表明知覺經驗使得我們相信這些信念來確認我們有正當理由擁有它們，我們顯然需要對純粹的知覺經驗本身做出闡述，以便讓我們能夠評價它是否勝任完成這項任務。羅素討論感覺材料的目的正在於此。另外，羅素認識到感覺材料並非在知覺上給予的東西；在他寫於《哲學問題》以後十年間的著述中，他反覆指出感覺材料的全部特徵來自分析的結尾而不是在經驗的起始。

另一種批評是，羅素認為直接經驗是可以用命題表達的，這些命題儘管只描述在主觀上「給予的」東西，還是可以用作關於世界的知識的基礎。但是那些看來只適用於個人經驗而並不涉及這種經驗之外的東西怎能作為認識論的基礎？下面的說法是沒有用的，即說羅素也承認邏輯原理這種先天知識，後者允許根據這些命題做出推論，因為除非主體另外擁有普遍的經驗上的信念作為這類推論的大前提，以及事實上由推論加以測驗或支持的某些經驗上的假定，就不會有

做出推論的動機。但是這些條件在一個(照羅素所描述的)只擁有感覺材料和不證自明的邏輯真理的經驗者身上是不具備的。

這個問題對羅素本人也很有影響，在過了很久之後(在《人類的知識》一書中)他才去處理它。他接受了一種他曾在其他地方貶低過的康德哲學中的說法，即(在邏輯真理之外)我們必須有某些先天認識的東西，才可能有知識。這個極其重要的論點將在以下適當的地方加以討論。

批評家們提出的一個問題是：羅素所依靠的表明現象與實在之間有區別的理由(按照他的講法)並不使人信服。一個物體對一個知覺者顯示出一種顏色或形狀，但對另一個知覺者卻顯示出另一種顏色或形狀，而對處在不同條件下的同一個知覺者也顯示出不同的顏色或形狀(比如說他是在白天還是黑夜看見這個物體，是從某個觀點看還是從另外一個觀點看)。這一事實告訴我們，物體怎樣顯示給知覺是個複雜的問題。但是這一事實本身並不是說我們知覺到的東西是另外一個物體。

這種批評本身是正確的，但是事實上還有其他完全適當的方法來劃分現象與實在之間的區別，正如知覺哲學近來的工作成果所表明的那樣；所以羅素此處的論證可以看作(他自己也是這樣看的)是啟發性的，即只是為了舉例說明論點以便啟動討論。

但是這種批評讓人聯想到另外一種更重要的批評。這就是，羅素與其自笛卡兒以來的先行者以及其某些後繼者（如普賴斯H. H. Price和A.J.艾耶爾）一樣，從笛卡兒那裏接受一個極為重要的假定，即探討知識的正確起點是個體的經驗。個體要從自己的意識材料開始，從中找到理由來支持他對自己頭腦之外的世界做出的推論（或者更寬泛地說，支持他對世界所抱的信念）。20世紀哲學的一個重大轉變就是反對這個笛卡兒式的假定。這個假定的嚴重困難之一是，一旦我們接受了它，我們對它就不能置之不理或加以反駁。另一個嚴重的困難是，在這樣薄弱的基礎上，我們根本不能想像自稱是唯我論的認識者，僅憑自己的心靈就能夠對其感覺經驗做出命名或思考，更不用說能夠根據它們推論出一個外在的世界。這兩種考慮堅定地將我們推向這種想法，即認識論的正當起步點說來說去還是在公共的話域之內。

外部世界與其他心靈

　　羅素本人並不滿意他在《哲學問題》中處理問題的方式。這本書原是作為一本通俗書寫的，對其中的論題並未做出嚴格的陳述。在以後的四十年中，他一再回到知識與知覺的問題上來。在《哲學問題》出版與第一次世界大戰爆發之間的歲月裏，他認真探討過

這些問題，寫出了大部頭的《認識論》的初稿，他發表過其中的一部分，還有一部分則放棄了。同時他還寫了一系列重要演講，於1914年以《我們關於外部世界的知識》為書名出版。在這部著作中，他更加細心地考察了《哲學問題》中理論的各個方面，取得了重要的結論。

《哲學問題》與《我們關於外部世界的知識》之間的一個區別在於，羅素已經看到經驗主體的知識基礎(只對他一個人顯示的感覺材料以及他對邏輯規律的直覺知識)作為起點是太薄弱了。他並不是在反駁剛才討論過的笛卡兒式的假定；而是由於現在更加察覺到這個假定帶來的困難，所以在想辦法縮小這些困難。因此他更加重視主體擁有記憶的事實並掌握當前經驗中各成份之間的空間與時間關係。主體還有能力去比較感覺材料，例如顏色與形狀的差別。通常的共同信念和相信有其他心靈存在的信念仍未包括在內。

羅素由於有了他現在稱之為「硬感覺材料」所提供的更為豐富的基礎，他把要回答的問題做了這樣的表述：「除了我們自己的硬感覺材料之外，還有沒有東西可以經過推論認為它存在？」他的方法是首先表明我們能夠作為一個假設來構建一種空間概念，可以容納既有主體本人的也有主體從他人證詞得知的經驗事實。然後，為了看清我們是否有理由相信這個空間世界是真實的，羅素提出一種相信其他心靈存在的論

證，即如果一個人真有理由相信這一點，那麼他就能夠依靠他人的證詞，因此這些證詞加上一個人自己的經驗就會有力地支持那種認為存在着一個空間的（即真實的）世界的看法。

這個策略頗具匠心。羅素在1914年早些時候寫的一篇文章《感覺材料與物理學的關係》中又添加了一個同樣有創見的關於感覺經驗與事物的關係的想法。他在《哲學問題》中曾說我們從感覺材料推論出物理的事物；他現在則說物理的事物是感覺材料的功能，或者按照他有時使用的說法，是由感覺材料組成的「構造」。這裏使用了邏輯技術，表明一件事物可以分解為另一類事物。羅素將「只要可能，就應該用邏輯結構為代替推論出來的實體」這個原則說成是「科學哲學思考的最高箴言」。依照這個原則，物體就可以相應地分解為由感覺材料組成的結構；然而並不僅僅由實際的或當前發生的感覺材料而且還由「可感覺的東西」所組成，後者的意思是指「現象」或者用羅素的說法就是「事物顯示的方式」，而不管其是否構成任何知覺者的經驗中當前發生的那一部分。這是用來說明物體在不被知覺時仍然存在那種情況的。

羅素現在認為，這種看法的一個重要方面是：感覺材料與可感覺的東西都不是個人的精神實體，而是物理學的真實題材的一部分。它們確實是「物理世界的最終組成成份」，因為常識和物理學的證實最終還

是依靠它們。這一點很重要，因為我們通常認為感覺材料是物體的功能，也就是說，感覺材料的存在並具有其特性乃是由物體引起的；但是證實卻只有在把問題反轉過來看時才有可能，即把物體當作感覺材料的功能。這個理論從可感覺的東西「構建」物體；因此前者的存在證實了後者的存在。

羅素並未進一步發展這一有特色的理論，而是放棄了它；他在以後的著作，特別是在1927年的《物的分析》和1948年的《人類的知識》中，轉而重又把物體及其佔有的空間當作從感覺經驗推論出來的東西。有一些考慮迫使他這樣做。一個原因是受到物理學與人類生理學等科學的推動，使他接受了這些科學所提供的標準看法，即知覺是由物理環境作用於我們的感官造成的。他寫道：「只要接受知覺的因果說，就不得不做出這樣的結論：知覺結果是在我們的頭腦之中，因為它們出現在一個物理事件的因果鏈的末端，這個因果鏈在空間由物體通向知覺者的大腦。」（《物的分析》，第32頁）。他在《心的分析》(1921)中不再談論「感覺材料」，並且不再區分感覺行為與被感覺的東西。他這樣做的理由與他的心靈學說(本書後面將做出簡述)有關。

羅素放棄這一理論的另一個重要原因是：他所努力表述的關於個人空間與公共空間、兩者之間的關係和認為可感覺的東西佔有兩種空間的方式的一些看

法，由於其複雜性和他逐漸看到其不能言之成理而變得不可取。他在《我的哲學發展》中曾簡單提到這一組問題。他在該書中說，他之所以放棄「單從經驗材料構建『物質』的努力」，主要是因為這是「一個不可能實現的計劃……物體不能被解釋為由實際經驗到的成份所構成的結構」（《我的哲學發展》，第79頁）。現在，這一最後的說法嚴格來講與羅素原來表述的意見並不一致，原來的文字說可感覺的東西並非必須實際被感覺到；《我的哲學發展》對這個理論做出了比原來說法帶有更濃厚的現象論色彩的解釋。但是它接觸到這個理論的一個嚴重的問題，即「未被感覺到的感覺材料」的說法是前後矛盾的，因為這種感覺材料甚至不需要(相反，其名稱倒似乎要求)與知覺有一種必然的關聯。

對羅素來說，放棄體現在《認識論》原稿與《我們關於外部世界的知識》中的方案無疑是一個打擊，因為在完成了《數學原理》之後，他就把注意力轉到知識與知覺問題上來，這時他看到解決這類事情與物理學之間的關係問題這一任務是他下一個重大貢獻。這是他從1890年代起就懷抱的雄心壯志。

認識論中還有其他一些重要的問題，羅素在做出的這些努力中只是匆匆提到。這些問題涉及傳統上認為是科學支柱的那種推理，即非證明性推理。過了若干年之後羅素才重新思考這些問題：他做出的主要討

論見於他在第二次世界大戰後寫成的《人類的知識》一書。在這段時期，他把注意力轉向了有關方法和形而上學的某些問題上去，這些問題在他致力研究知覺的過程中顯得很重要。這些問題是下一章討論的主題。

第三章
哲學、心靈與科學

方法與形而上學

　　羅素將他從《我們關於外部世界的知識》以後發展起來的哲學觀點叫作「邏輯原子主義」。邏輯原子主義主要是一種方法，羅素希望用它解決關於知覺的性質及其與物理學的關係等問題。重要的是要看到羅素在《數學原理》之後四十年中的哲學工作主要致力於探討知覺與物理學的關係這個特殊問題上，實際上也就是努力為科學提供一個(適當的)經驗基礎。在這裏科學被看作是關於世界的理論，它最有可能成為真理或者至少接近真理。邏輯原子主義由此也就為羅素提供了他的形而上學，即他關於實在的性質的說法。這種形而上學(至少就其簡單明確的意思來講)看來並不是當時流行的物理學的物質觀，而是把物質表述為邏輯結構。羅素對其形而上學觀點的說明幾乎一律採用概述的方式，寫進他關於邏輯分析的許多討論中的結論部分；他把大部分注意力都集中到分析策略本身上面。

邏輯原子主義的哲學

羅素曾在許多地方講過邏輯原子主義，其中最重要的是《我們關於外部世界的知識》中「邏輯是哲學的本質」那一章，以及1918年發表的標題為《邏輯原子主義的哲學》的一系列講演(後收進馬爾什編《邏輯與知識》一書)。《邏輯原子主義》(1924)一文概括了邏輯原子主義的方法和目的(也收進馬爾什所編書中)。

邏輯原子主義的方法的要旨就是羅素的這一主張：「邏輯是哲學的本質」，在這裏「邏輯」指的是數理邏輯。數理邏輯的重要性在於它提供了對結構進行強有力的並在哲學上有所發現的分析手段；特別是關於命題與事實相互關聯的結構。

人們早已看出，命題的分析怎樣表明，把一切命題都看作具有主謂語形式是錯誤的，在這一點或有關方面表層語法令人產生誤解，例如在我們把摹狀語或普通名稱當作指示性表達式的時候。當我們斷言這些命題時，對於我們所談論的世界以及命題本身，同樣也可以做出在結構上有所發現的分析。

在「邏輯是哲學的本質」一章中，羅素從前一種結構開始，概述了這兩種相互關聯的結構。他說，世界是由具有許多性質和關係的許多事物所組成。一個關於世界的總目錄不僅要求有列舉出事物的名單，而且要求有列舉出事物的性質和關係的名單。換句話

說，這將是一個關於事實的總目錄。事物、性質和關係是事實的組成部分，轉過來事實又可以分解為事物、性質和關係。事實由羅素稱為「命題」的東西來表述，命題則被定義為「被斷言為真或偽的語言形式」。羅素將表述基本事實的命題稱為「原子命題」。當這些命題由「和」「或」和「如果—那麼」等邏輯詞結合起來時，結果便構成複合或「分子」命題。這些命題極為重要，因為一切可能的推理全都依靠它們。

最後還有一種普遍命題（例如「凡人皆有死」）及其用「有些」構成的否定式（例如「有些人是不死的」）。它們所表述的事實在某種程度上依靠先天的知識。這個至關重要的道理是在對命題與事實的分析進行思考後才顯現出來的結果。從理論上講，如果我們知道全部原子事實，並且知道它們就是全部原子事實，我們就能從它們推論出所有其他真理。但是普遍命題卻不能只從原子事實通過推論得知。看一看「凡人皆有死」：如果我們知道每個個體的人以及他們必皆有死，在我們知道他們就是世上所有的人之前，我們仍然不能推論出「凡人皆有死」；而這就是一個普遍命題。羅素眼光敏銳，強調了這個道理的重要性。因為普遍真理不能只靠個別真理推論出來，並且因為一切經驗證據都屬個別真理，由此可知只要有知識就必然有某種普通的先天知識。羅素據此反駁舊的經驗

主義者，因為在他們看來，一切知識是完全建立在知覺經驗之上的。

立即出現的問題是：在什麼地方找到這類普遍的知識？羅素的回答仍然是他在《哲學問題》中所説過的，即這類知識是在邏輯中找到的，因為邏輯向我們提供完全普遍的不證自明的命題。看一看這個命題：「凡人皆有死，蘇格拉底是人，所以蘇格拉底有死」，這個命題包括經驗性字詞（「蘇格拉底」「人」「有死」），所以不是一個純邏輯命題。但是表示其形式的純邏輯命題「如果任何一個事物具有某種性質，而且凡是具有這種性質的事物都具有某種另外的性質，那麼這個事物就具有這種另外的性質」（更清楚的表達式是：「所有F都是G，x是F，所以x是G」）卻既具有完全的普遍性，又是不證自明的。正是這類命題使我們超越了經驗的個別性的局限。

在《邏輯原子主義的哲學》中，這一分析性綱領的細節得到了更詳細的説明。名稱中所説的「邏輯」標明所達到的原子是「經過分析最後剩下的東西」，在這裏分析是邏輯的而不是物理的（《邏輯原子主義的哲學》，第178頁）。這些原子是一些殊相，例如「小塊的顏色或片斷的聲音，瞬間的事物 —— 以及……謂詞或關係」。目的在於從人們對於世界所抱的通常信念過渡到精確地理解經驗是怎樣作為科學的基礎；也就是説，「從那些我們自以為確實可靠的明顯而又

模糊、含混的事物過渡到某種精確、清晰、確定的事物，我們經過思考和分析發現後者就包含在我們開始見到的模糊事物之中，可以說就是以該模糊事物為影子的真實情況」（出處同上）。方法是把複合符號—命題—分解為組成它的簡單符號；這種分析的終點是對作為簡單符號的意義(這裏「意義」就是「所指」)的事物有直接的親知(《邏輯原子主義的哲學》，第194頁)。在一種比如說由《數學原理》有意提供的「邏輯上完備的語言」中，一個命題的組成部分 —— 簡單符號 —— 同一件事實的組成部分有着一一對應的關係，只有邏輯表達式「或」「和」等在外。每個簡單事物都由其本身各自不同的簡單符號來表示。羅素說，這樣一種語言「一看就顯示出被肯定或否定的事實的邏輯結構」(《邏輯原子主義的哲學》，第198頁)。

羅素在這個基礎上寫了一段「形而上學的漫談」。邏輯原子主義在理論上(如果不是在實踐上)是這樣一種看法，即認為分析使得我們接觸到組成世界的最根本的簡單事物。簡單事物被定義為一切不是複合的事物 —— 即不能進一步分解的東西 —— 每一個簡單事物都是一個獨立的自身存在的事物。另外，它們還是非常短暫的事物，所以由它們組成的複合事物都是「邏輯的虛構」，合在一起為我們的認識或實用的目的服務。

簡單事物有無限多的種類。有各種不同等級的個

別事物、性質和關係，但是其共同點卻是都具備一種為任何其他事物所沒有的實在性。世界上唯一另外的客體便是事實；事實是被命題所斷言或否定的東西。事實並不具有與其組成部分相同的實在性，關於事實的知識與關於簡單事物的知識很不相同；前者是通過描述得到的知識，而後者則是通過親知得到的知識。

羅素的分析方法包括奧卡姆剃刀的原則，即認為在研究存在的事物時應使用最簡約不過的學說。這個原則可描述為提出這樣一個迫切的問題：「為了能夠定義需要被定義的東西和證明需要被證明的東西，我們最少需要多少簡單而未被定義的事物和未經證明的前提？」（《邏輯原子主義的哲學》，第271頁）。一個日常見到的物體，例如書桌，在應用奧卡姆剃刀後便可敘述如下。我們認為書桌是一個在未被知覺時一直存在的物體。正如懷疑論者可能指出的，這個信念乃是基於對書桌有時斷時續的知覺，而這些知覺本身卻一點也沒有告訴我們書桌是否在知覺間斷時還繼續存在。然而我們卻說書桌所有這些不同的顯相是同一張書桌的顯相。是什麼原因使得我們這樣說？羅素的回答是由顯相組成的系列被我們簡單地定義為一個單一的繼續存在的物體。「通過這種方式書桌被還原為一個邏輯虛構，因為一個系列就是一個邏輯虛構。通過這種方式一切日常生活中的物體都從存在的範圍中排擠掉了，取而代之的是一些轉瞬即逝的個別事物，

那類人們通過感覺直接意識到的東西」，即感覺材料（《邏輯原子主義的哲學》，第273頁）。所以我們稱為實在的事物「是些由個別事物的類所構成的體系、系列，個別事物成了實在的事物，因為個別事物在其正好呈現給你時就是感覺材料」（《邏輯原子主義的哲學》，第274頁）。

這種處理問題的方法讓羅素想到一種物理學的分析 —— 物理學的原子也被理解為邏輯虛構，這種分析使得羅素走向一種名為「中性一元論」的心靈觀。在這個階段他還未充分闡述看法；但是後來根據他觀點上的某些重大改變，他才對它們給予了特別的注意。他在《物的分析》(1927)和《心的分析》(1921)中分別詳述了上面兩種看法。我把對它們的專門討論放在後面。

邏輯原子主義的一些問題

邏輯原子主義很難讓人感到滿意。首先，羅素對它的表述只是個概要，而其目的又是想同時解決幾個不同的問題。這是一種經驗論的意義理論，也就是說它必須提供關於知識、知覺和心靈的理論，並以意義理論為中心，說明詞語的運用以及如何學習和理解詞語。後一項任務由於羅素的下述觀點而變得複雜起來，即他認為日常語言的表層形式起着誤導作用，如不做出正確分析，便會因此產生壞的哲學：

我認為哲學語法的重要性比一般認為的要大得多。我認為所有的傳統形而上學都充塞了壞的語法產生的錯誤，幾乎所有的形而上學的傳統問題以及形而上學的傳統結論——想當然的結論——都來自未能在我們可以叫作哲學語法的學科中做出區分。(《邏輯原子主義的哲學》，第269頁)

所以進行這種分析全靠認為語言有其深層結構，它與表層結構有重大的不同，而只有深層結構才與經過分析後顯示出的世界結構相對應。所以由此產生的一個大問題便是《數學原理》的邏輯是否是表述自然語言的深層邏輯形式的唯一正確方法。

羅素的理論把一種純邏輯的關於結構的說明同一種依靠感覺材料的經驗論結合起來，方法是把感覺材料作為組成世界結構的簡單事物。但是他還必須讓簡單事物不僅包括事物而且包括事物的性質和關係——即共相——而這就立即招來另外一種困難，因為看不清楚共相也是按照個別事物(殊相)作為簡單事物的方式被看作是簡單事物的。簡單性的特點是不可分析性和獨立性。即使就羅素所舉的最佳實例——某種特定的顏色濃淡構成的顏色小塊——來講，共相有這些特點嗎？不會有的；因為成塊的顏色並非各自獨立的，而指示它們的表達式也能夠引來命題之間的不相容性。

羅素相信這類問題可以通過對日常事實話語進行

完全徹底的分析來克服。但是他一直未能完成這樣一種分析，而不得不把它作為由未來的科學哲學完成的工作，或者換個方式去研究，如果找到一種途徑的話。這就使他做出某些令人感興趣的讓步：

> 當我說簡單事物時，我應該說明我是在說某種並非被經驗到的簡單事物，而只是通過推理得知的分析的極限。通過更好的邏輯技術完全有可能不需要假定簡單事物的存在。如果一種邏輯語言的簡單符號(即不含以符號為其組成部分或不含任何有意義的結構的符號)都代表某一類型的客體，即使這些客體並非簡單事物，那麼這種邏輯語言就不會導致謬誤。這樣一種語言的唯一缺點是它不能處理任何比它用簡單符號所代表的客體更簡單的事物。但是我承認在我看來很明顯的是(正如萊布尼茨所認為的一樣)複合事物必然由簡單事物組成，儘管組成部分的數目可能多到無限。(《邏輯與知識》，第337頁)

在這段文字中羅素實際上退一步承認，由於他把經驗論與原子主義結合起來而出現的問題 —— 如果感覺材料是簡單事物，而簡單事物又是推論出來而非經驗到的東西，那麼這種學說便是不融貫的 —— 並且打破了他在其他地方堅持過的簡單符號與簡單實體之間的聯繫：因為在這裏他說簡單符號可以表示複合實

體;唯一的要求是它們一定要屬一個類型。此外，如果簡單事物的數目大到無限，那麼甚至構造一種在邏輯上完備的語言的前景就非常暗淡，因為這種語言會包含無限多的名稱，而分析本身由於其程序可能多到無限，也將永遠不可能充分完成。

有些評論家指出，邏輯原子主義如果脫離開經驗論，作為一個純形式的理論，就會更加成功，正如維特根斯坦在《邏輯哲學論》中所做的那樣。這樣看來，邏輯原子主義的要旨是：表達式(不同於例如「和」這樣的邏輯表達式)有兩類，即那些指示存在的(簡單的)事物的表達式和那些可以分解為這類表達式的表達式。如果我們拋棄了那種主張簡單事物就是感覺材料因而也就是親知客體的經驗論，我們也拋棄了關於人類怎樣能夠學習和理解語言的說法，而這是一個嚴重的缺點；羅素確實認為至關重要的是應該有這樣一種說法，而這也就標明了羅素與維特根斯坦各自不同的邏輯原子主義的主要區別。但是正如已經指出的那樣，想把經驗論嫁接到原子主義上的努力產生了這樣一些困難，我們也許必須接受這個缺點——儘管我們也可以很自然地把原子主義與這些考慮(作為任何一種適當的語言理論的必要條件)之間的不相容當作放棄原子主義本身的一個理由。

但是試圖使經驗論脫離原子主義的努力卻對於羅素的名稱理論造成了困難。按照這個理論，邏輯上的

專名很像「這」和「那」等指示詞；它們沒有描述性內容，它們的意義就是所指示的個別事物。因此這些意義只能通過親自認識它們所指示的事物來獲知；但是放棄關於經驗的考慮就意味着該理論的這一部分現在已不適用。這就產生一個問題；因為這個觀點的主要應用之一在於分析日常語言表達式，後者看來是指示暫時存在的事物——例如書桌等等。該理論的純粹形式要求每個邏輯上的專名必須有某種由它指示的事物。照經驗論的理論來講，這類被指示的東西就是暫時的感覺材料，因而除了知道名稱所指示的東西之外，我們還知道名稱與其所指示的東西也有一個共同的方面，即它們也是暫時性的。但是照純粹形式的理論來講，人們並不清楚怎樣刻畫名稱的特性，因為我們並不知道那些未知的——純粹形式的——最終存在物是什麼。不讓我們自己有一個關於這種情況的理論進一步意味着我們根本不知道命名關係是怎樣運作的；例如按照經驗論的理論，當某人將一個感覺材料取名為「那個」或某個同樣適用的名稱時，並不存在行洗禮命名的場合。而這也意味着我們對於為什麼這個名稱是那個個別事物的名稱，以及它是否已是另外一個事物的名稱卻講不出任何道理來；不管怎樣，一旦我們自己想到有名稱而無命名者、語言學習者或感知者，看來這也許就會是個小問題。

　　這一類考慮顯示讓原子主義脫離開經驗論所得到

的好處是極其有限的。碰巧這些反對意見本身並不足以對邏輯原子主義中提供意義理論的那些方面造成致命的傷害；連同它們與語言理解的聯繫，還有其他發展它們的辦法。但是要做出充分的估價還要考察羅素本人在其後來關於心與物的思想中所提出的為什麼要修正邏輯原子主義的一些特點並拋棄另外一些 —— 比較重要的 —— 特點的理由。現在我就對這些論點做一個概述。

心與物

羅素在1918年闡述他所主張的邏輯原子主義觀點時曾說，他覺得威廉·詹姆斯的「中性一元論」很有吸引力但仍未能使他信服。這個學說是為了解決長期存在的關於心與物之間的差別與關聯的問題而提出的。說得概括一些，詹姆斯的學說認為世界歸根結底既不是唯心論者所認為的由精神材料構成，也不是唯物論者所認為的由物質材料構成，而是由一種「中性材料」所構成，心與物兩者都由此而來。按照羅素自己的說法，他在結束了關於邏輯原子主義的講演之後不久就轉而相信這個學說。他在1914年曾寫文章談論並駁斥詹姆斯的觀點；他在1918年的講演中則對此抱有比較同情的看法，但態度仍未決定；然而在一篇題為《論命題》(1919)的文章中他終於完全贊同這個學

説，並在1921年以它為基礎寫成《心的分析》。羅素後來對這個學說做了一些改進，但是我做的這個概述仍然主要依據《心的分析》一書。

通俗哲學說心與物是非常不同的，其不同在於心靈有意識而物質的東西(如石頭)則沒有意識。因此羅素提出的問題是：意識是不是精神的東西的本質？為了回答這個問題，人們首先就要大略知道意識的性質是什麼。思考一下意識現象的典型實例——知覺、記憶、思維、相信——就會看出意識的首要特點乃是在任何這類方式中意識到總是意識到某種事物。哲學家把這種特徵稱為「意向性」，也許還可以稱為「關涉性」或「指向性」。所以意識的概念基本上是一個關係概念；一次心靈的行為——一次知覺或相信或諸如此類的行為——都關涉到一個對象——被知覺到的對象，被人相信的命題。實際上按照這一學說的某些說法，例如邁農的主張，起作用的有三個因素：行為、內容和對象。舉例來說：假如某人想到倫敦的聖保羅教堂。有某人的思想行為；有這一思想的性質即它關涉到聖保羅教堂而不是其他某個教堂——這就是其內容；然後還有行為的對象，即聖保羅教堂本身。

羅素駁斥這些觀點。首先，他說並沒有「行為」這種東西。一種思想內容的發生就是這種思想的發生，如果另外再加上一種「行為」，這就既沒有經驗上的證據，也沒有理論上的需要。羅素分析人們可能

不這樣想的原因在於我們說「我如此這般地想」時會暗示思維是一種由主體完成的行為，但是他反駁這種看法，理由很像休謨所提出的，後者認為自我的概念是一種虛構，認為根據經驗我們最多只能說有一些為了方便才被我們包裝為「我」和「你」的思想束。

其次，羅素批評內容與對象之間的關係。邁農認為這種關係是直接的指稱關係，但是照羅素的觀點看，這是一種更為複雜和派生出來的關係，主要由關於內容之間，內容與對象之間以及對象之間許許多多多少是間接的關聯所抱的信念所構成。此外加上這一事實，即人們在想像和幻覺等不尋常的經驗中能夠有無對象的思想，人們就看出內容－對象的關係包含許多困難——羅素說重要的是這引起了認為內容比對象重要的唯心論者與認為對象比內容重要的實在論者之間的爭論。（羅素使用這些名稱雖然合乎常規，卻令人產生誤解：為了精確，我們在這裏應該用「反實在論者」來代替「唯心論者」；原因在於：從根本上講，實在論與反實在論確實是關於內容與對象之間關係的不同論點，因而是認識論的論點，而唯心論則是關於世界性質的形而上學的論點，即認為世界的性質歸根結底是精神的。這一點在哲學爭論中經常受到忽視，羅素這樣做不足為奇。）羅素認為所有這些困難都可以避免，如果我們採納威廉·詹姆斯（William James）的「中性一元論」的話。

中性一元論

詹姆斯爭辯說，在形而上學意義上唯一的最根本的素材按照其相互關係安排成不同的模式，其中有些我們叫作「精神的」，有些則叫作「物質的」。詹姆斯說他由於不滿意一些關於意識的學說才提出了他的觀點，這些學說不過是模模糊糊繼承了一些關於「靈魂」的陳規之談。他同意思想的存在；他反對的是把思想當作實體。相反，思想是功能：「沒有什麼與構成物質的東西的素材截然不同的原始素材或存在的屬性，用以形成我們關於這些物質的東西的思想；但是經驗中卻有一種由思想完成的功能，通過完成這一功能，我們才求助於這種存在的屬性。這種功能便是知道。」（詹姆斯，《徹底經驗論論文集》，第3–4頁）

按照詹姆斯的觀點，他所說的唯一的「原始素材」就是「純粹經驗」。「知道」是一種可以由不同部分的素材參與的關係；這種關係本身同其關係項同樣都是純粹經驗的組成部分。

羅素不能完全接受這種觀點。他認為詹姆斯使用「純粹經驗」一詞顯示出唯心主義的殘餘影響，因而不採用它；他喜歡其他人所用的「中性素材」的說法，這是一個重要的名稱上的改動，因為不管「原始素材」究竟是什麼，它必須能夠 —— 經過不同的安排 —— 產生不能用「經驗」適當稱呼的東西，比如說

星辰和石頭。但是即使對於這個修改了的觀點，羅素也只是表示部分的贊同。他說，反對把意識當作實體是對的，把心與物都看作是由中性素材所構成也只是部分上而不是完全正確，而單獨存在的中性素材則既不是精神也不是物質，特別是關於感覺方面；這是羅素的一個重要論點，因為他的壓倒一切的目的就是把物理學同知覺結合起來。但是他堅持說某些事物（意象和情感）只屬精神世界而其他事物（一切不能描述為經驗的東西）則只屬物質世界。兩者的區別在於支配它們的因果關係；有兩種因果律，一種只適用於心理現象，另一種則只適用於物理現象。休謨（Hume）的聯想律是第一種因果律的實例，萬有引力定律則是第二種因果律的實例。感覺受兩種因果律的支配，因而真正是中性的。

羅素採用了這樣一種中性一元論之後，便不得不放棄他以前的某些觀點。一個重要的變化是他放棄了「感覺材料」的概念。他這樣做的原因是：感覺材料是精神行為的對象，而他現在卻已經不承認精神行為的存在；因為在不存在的行為與這些行為的假定對象之間不可能有什麼關係，所以也就不可能存在這類對象。而因為感覺與感覺材料之間並無區別，也就是說，因為我們現在把看見——例如一塊顏色——的感覺理解為就是這塊顏色本身，所以我們在這裏只需要一個名詞，羅素為它取名為「感覺結果」。

羅素在接受中性一元論之前曾由於一些理由而反對過這種觀點，其中一個理由是它不能說明信念。正如已經指出的，儘管他接受了這種學說，他還是做出了修改；精神與物質有其互相重合的共同部分，但又各有其不可轉化的方面。然而最後終於說服了他的卻在這一點上，即在他看來，心理學與物理學已經走得非常接近：研究原子與相對論時空的新物理學事實上已經把物質非物質化了，而心理學(特別是行為主義心理學)事實上也已經把精神物質化了。從內省的內在觀點看，精神的實在是由感覺和意象構成的。從觀察的外在觀點看，物質的東西是由感覺和可感覺的東西構成的。通過把精神與物質之間的基本區別看作是安排上的不同，似乎有可能提出一個大體上統一的學說：精神是由物質按照一種方式形成的結構，腦子則是由大體上相同的物質按照另一種方式形成的結構。

令人驚異的是，這種觀點的一個突出特點是它帶有很多的唯心論的成份。正如已指出的，羅素指責詹姆斯還有唯心論的殘餘。但是他在這裏卻在主張某種與之難以區分的觀點：認為精神是由感覺到的知覺結果所構成 —— 即感覺和意象 —— 而物質則是由未感覺到的知覺結果所構成的邏輯虛構。現在羅素經常(用他早期使用的術語)堅持說感覺材料和可感覺的東西是「物質的」實體，這大體上是按照下面的意思來講的：如果人們談論神經系統中一項感覺信息，該感

覺材料就會作為神經衝動或腦子的活動而出現。但是這樣一來作為物理學說對象的神經和腦本身就必須被理解為由感覺和可感覺的東西形成的構造物,而不該被理解為傳統上所說的「物質實體」,後者已被物理學證明是一個站不住腳的概念。因此羅素在《心的分析》一書的結尾說:「對於世界上發生的事情做出最後的科學說明,如果可以確定的話,會更類似心理學而不是物理學——[因為]心理學更接近存在的事物。」(《心的分析》,第305、308頁)這就說明了羅素為什麼提出他那有名的主張的原因,即「腦子由思想構成」,而當一個生理學家觀察另一個人的腦子時,他所「看見」的是他自己腦子的一部分(希爾普:《羅素的哲學》,第705頁)。

對於各種堅定的唯物主義來說,羅素這一方面的觀點很難接受。但這還不是他那種中性一元論的唯一困難。較重要的一點是他沒有達到他的主要目標,即駁倒將意識當作精神現象與物質現象之間主要區別的看法。當然他並沒有想通過分析把意識消除掉;他的目標在於減少意識在心 - 物問題上的重要性。但是在他的學說中佔有中心地位的意象、情感和感覺仍然頑強地表現為意識現象,而構成大部分物質的可感覺的東西(從定義看經常是未被感覺到的)則不是這樣。羅素承認這一點,但卻力圖確定一種不借助這些事實的區別標準,即以屬不同因果領域的成員關係作為一種

區別標準。但是這種區別還很有爭議（並且即使存在的話往往也很難看出），而用意識作為區別卻十分清楚明白。

與此相關，在講述知識時不能不談到標出意識特徵的意向性；不講到它就無法解釋記憶和知覺。羅素後來承認了這一點，在《我的哲學發展》一書中還以此為理由說明他為什麼在後期著作中重新回到知覺和知識問題上來。

羅素後來也終於放棄了這一思想（從一個被認為既是中性的又是一元論的學說的觀點看是極其令人不滿意的），即認為意象和情感基本上是精神現象的看法，也就是說不能完全還原為中性素材；因為他在一篇很晚發表的文章中說：「一個事件並非由於內在的性質而只是靠其因果關係才成為精神的或物質的。一個事件完全可能既有表示物理學特徵的因果關係，又有表示心理學特徵的因果關係。在這種情況下，該事件既是精神的同時又是物質的。」（《記憶中的肖像》，1958年，第152頁）為了前後的一貫性，這本來是他早該在《心的分析》一書中提出的，而在該書中卻只有感覺具有這種特徵。但是這種觀點本身又產生了另外的問題，那就是它與羅素在《心的分析》之後又重新回到的一種觀點（即認為知覺結果的原因是從知覺結果本身的出現推論而來的）處於一種不穩固的緊張狀態。正如前面所指出的，羅素在把物質的東西當作可感覺

的東西的邏輯結構，與把它們當作推論出來的知覺的原因的實體這兩種看法之間搖擺不定；他在《哲學問題》中主張後一種看法，在《心的分析》之後又回到了這個立場。但是從表面上看，人們還是想要在其形而上學與認識論之間保持一種微妙的關聯，目的在於既認為精神與物質屬同一種素材，又認為物質是精神狀態的由推論得出的未知的外界原因。所以在《心的分析》的遺產當中，那些仍然保留在他後期思想中的部分給他後期關於物質的看法帶來了相當大的困難。

實在論與知覺

羅素對於物質的東西的看法重新回到一種實在論的、通過推論引出的觀點，其中一個主要原因是未感覺到的感覺材料或照後來說法被稱為知覺結果的概念本身帶來的困難。正如上面所指出的，這個概念是使用分析技術用邏輯構造來代替推論出來的實體的。如果物質的東西能夠從現實的或可能有的感覺材料通過邏輯方法構造出來，那就同時實現了兩種要求：一是將該學說建立在經驗的基礎之上，二是由推論得出的實體也被奧卡姆剃刀所削掉。但是未感覺到的感覺材料(或未知覺到的知覺結果)這個概念至少是成問題的，如果不是真正自相矛盾的話。這一點是很明顯的而且早已有人指出過。談論感覺的可能性的存在——

儘管如不做出認真解釋，這在形而上學上講是成問題的——是有意義的；但是談論可能的感覺的存在卻不令人感到言之成理(注意羅素對於可感覺到的東西所下的定義：它是具有「與感覺材料同樣的形而上學和物質地位的實體而不必作為任何心靈的感覺材料」)。如果在推論出來的物質個體與存在而未知覺到的非現實的知覺之間進行選擇的話，看來最好還是採納前者。實際上這正是羅素後來的想法；未感覺到的感覺也就被拋棄了。但是他並未回到他在《哲學問題》中所採取的較粗糙的推論出來的實在論，而是心中已經有了某種更精細的卻並不更成功的想法，正如已經簡要說明的那樣。

羅素重新回到實在論的另一個理由是，他認識到因果性概念對於現象論來說是成問題的。世界上的事物看來是通過因果關係而相互影響的，其方式很難只靠記錄感官經驗得到適當的說明。另外，一個關於知覺的因果學說是說明經驗自身如何產生的一種自然而有力的方法。在羅素成熟的科學哲學(見於《物的分析》和1948年出版的《人類的知識》)中，他並沒有選用洛克的看法，即認為我們的知覺結果類似於其起因來源(即所謂「圖像原本」說，因為我們不能直接親知事物，由此也就不能期望認識事物的屬性和關係。他現在轉而爭辯說，世界與我們的知覺中的變化是相互關聯或共同變化的，至少是就我們的知覺器官能夠記

錄下世界上的事物的秩序而言(舉例來說，我們知覺不到桌子上密集的電子，所以在這個層次上不存在世界與知覺之間相互關聯的共同變化)。知覺結果與事物之間的對應關係只是在適當層次上的一種結構上的對應關係。「我們從知覺推論出來的東西只有結構才是正確有效的；而結構正是能夠用數理邏輯表述的東西。」(《物的分析》，第254頁)而這就表示除了物理學所描述的物質世界的數學性質之外，我們必須抱着「存疑」的態度(《物的分析》，第270頁)。

羅素已經認識到在形而上學意義上構成世界的最基本的東西最好還是選用「事件」。物體是通過下列方式由「事件」構造而成的：世界是事件的集合，大多數事件都集聚在許多「中心」的周圍，從而構成個別的「物體」。每一個事件簇都輻射出事件「鏈」，與來自其他中心的事件鏈(其中包括知覺者)產生相互作用和反作用。當一個事件鏈與構成知覺者的知覺器官的事件相互作用時，這個事件鏈中最後一個環節便是知覺結果。因為每個事物最終都由事件構成，這些事件事實上就是精神的東西和物質的東西賴以構成的「中性素材」。精神是由「精神的」關係連結起來的事件簇，其中比較重要的就是記憶；不然精神與物質就失去了形而上學的區別。最後，事件鏈之間的相互關係就是科學的因果律所描述的東西。

這種看法使得羅素能夠表述他長期以來就想提出

的滿意論點，即認為知覺結果乃是屬事物的一部分。因為按照這種看法，事實上並沒有構成事物的事件以及除此之外作為對於這些事件的知覺的其他事件；而是只有構成物體的事件，其中有些就是知覺結果——這些知覺結果乃是在事件鏈中作為終點的事件，它們來自與構成知覺者的事件相互作用的物體。

這個學說是推論性質的，這並不是照先前的意思來講的。根據先前的想法，知覺結果的原因，由於隔着一層知覺的面紗而不可把握，所以是從知覺結果本身的性質猜想出來的。還不如說這種推論是從作為終點的事件即知覺結果——這些知覺結果就是(用啟發式的方法來講)「精神的」事件與事件世界其他部分中可以與之起相互作用的結構層次之間所產生的上述作用——推論出構成了整個世界的事件簇和事件鏈。

在《物的分析》一書中，這個學說的核心思想是：關於世界的知識完全是結構性質的。我們認識知覺結果的結構及其屬性和關係，但是我們只認識外界事件的結構，而不認識其各種屬性。這似乎讓人想到了洛克的第一屬性與第二屬性的區別，但並不相同；羅素是說我們從知覺結果推論出來的只是事物的屬性和關係的結構，而不是其屬性和關係本身；而這就是知識的限度。

這個學說有一個致命的缺點，數學家紐曼(M. H. A. Newman)很快就察覺到並在《物的分析》出版後不

久發表的一篇文章中對之做出評述。這個缺點是：由於我們關於事件的結構的知識並不只是由我們規定的結果，而顯然並非空無內容的重言式，所以我們的推論知識就不能只限於結構問題。這是因為 —— 用一個粗略的類比 —— 許多不同的世界都可以被抽象地定義為具有相同的結構，而假如這樣，那麼只憑關於其結構的知識就不能將其分離出來，特別是不能使「現實的」世界個體化。如果科學真正是通過對世界進行觀察和實驗得出的發現所構成，那麼我們觀察到的東西與推論出來的東西之間的區別就不能降低為純結構與屬性之間的區別。

羅素給紐曼寫了一封頗能顯出自己寬大氣量的信，說他接受這個論點：「我所提出的認為我們關於物質世界除了其結構之外一無所知的說法不是錯誤的便是空無內容的，你已經講得十分明白，我很慚愧自己沒有看出這一點。」

人們現在都已知道，貫穿羅素早期與後期觀點的主線是他力圖協調科學與知覺的願望，特別是他想達到將科學建立在知覺的相對確實性之上，從而使其具備堅實基礎的目標。他看到在任何這類努力中主要問題都是保證從知覺穩步過渡到物理學說中的物體。按照他的看法，這種過渡步驟要麼必須是推論性質的，靠它從不可改變的感覺材料過渡到某種另外的東西，要麼就是分析性質的，即靠一種從知覺結果構造出物

質實體的過程來完成。按照剛剛說過的後一種觀點，這種推論具有一種為比較常用的推論所沒有的特別優點，即推論不是從一類事物到另一類事物，而是從某種事物的一部分到其另外的部分進行的。

照羅素的早期觀點看，他把首要的實在性賦予感覺材料，並從中構建其他一切事物。照他的後期觀點看，實在性則屬作為終極實體的事件，還引進了一個側重點上的重大改變：知覺結果仍然是直接的和極其確實的東西，但是它們不被看作必須精確反映物質世界的東西。這個物質世界照理解它的最有力的方法即科學所提供的圖式與它顯示的樣子無論如何也是大不相同的。

推論與科學

然而關鍵仍然在從知覺推論到世界是否穩固可靠這個人所共知的主要問題上。羅素在《人類的知識》一書中的目標大部分都是為這些推論的可靠性提供理由根據。在他有關知覺與科學的關係的思想中，他一直確信人們必須先天地認識到某種東西才可能有科學知識。正如已指出的，早先他認為純邏輯原則提供了這類知識。但是現在他看到只靠邏輯是不夠的；我們還必須知道某種更重要的東西。他的解決辦法是說從知覺推論到事件全靠一些先天的「公設」作為其合理根據，然而這些公設卻陳述了有關世界的一些可能發

生的事實。這樣講來，羅素的觀點立刻讓人想到康德的一個論點即具有「綜合先天知識」乃是一般知識成為可能的一個條件。羅素在《人類的知識》的序言中曾對這看法堅決予以駁斥。兩者的區別來自羅素在其最後提出一種認識論的重大努力中感到最多只能希望得出一種帶有嘗試性和蓋然性的說法。

羅素在《人類的知識》中採用的方法有兩個特點可以說明這一結果。一個特點是他現在認為知識應該用「自然主義的」講法來理解，也就是說把知識當作我們生物環境中的一個特點，同世界構成的方式結合在一起來看待。另一個特點則是他已經充分認識到這一事實：知識的基本材料絕不是確實的，最多也不過在某種程度上是可信的。這第二個論點在詳細闡明《人類的知識》的觀點上起了重要的作用。而凡是在羅素需要維護《人類的知識》為科學知識所提供的合理根據時，就都有第一個論點出現。

當感覺材料不是靠與其他感覺材料的關係而具有一定程度的可信性時，羅素說這些材料具有「內在的」可信度。具有某種內在可信性的命題支持由其推論出來的命題。這樣一來主要問題就成為：具有某種程度的內在可信性的命題怎樣將其可信性傳送給科學的假說？問題的另一種提法是：觀察和實驗的記錄怎樣起到證據的作用？羅素的公設就是為了解答這些問題而提出的。

共有五個公設。第一個公設即準永久性公設，旨在代替通常的持續存在的概念：「已知任何一個事件A，經常發生的情況是：在任何一個相鄰的時間，在某個相鄰的地點有一個與A非常類似的事件。」這樣一來常識中的事物就被分析為由類似事件組成的系列。這種思想最早來自休謨關於事物的「等同性」的分析，即我們總是願意把一系列類似的知覺當作一件單一事物存在的證據，比如說你每次走進花園都知覺到一株玫瑰，因而就認為在那裏有一株繼續存在的玫瑰，即使在沒有人知覺到它的時候。

　　第二個公設即「可以彼此分開的因果線的公設」，講的是「通常可能形成這樣一系列事件，從這個系列中一個或兩個分子可以推論出所有其他分子的某種情況」。例如我們可以跟蹤一場枱球中一個枱球的位置；常識認為枱球是一件改變位置的單一的東西，而按照這個公設的解釋就可以把枱球及其運動看作一系列事件，人們從其中某些事件可以推論出有關其他事件的信息。

　　第三個公設即「時空連續性公設」，旨在否認「超距作用」，要求在兩個不相鄰的事件之間有着因果關聯時，一定存在着由中間環節構成的因果鏈。許多關於未觀察到的推論都依靠這個公設。

　　第四個公設即「結構公設」，它說「當許多在結構上相似的複合事件在相離不遠的領域圍繞一個中心

分佈時，通常出現這種情況：所有這些事件都屬以一個位於中心的具有相同結構的事件為其起源的因果線」。這個公設的目的在於肯定這一思想，即存在着一個為一切知覺者共有的由物質的東西構成的世界。如果六百萬人都聽首相的廣播演說，在核對筆記時發現他們聽到了非常相似的內容，那麼他們就有理由認為這是屬常識性的道理，即他們都聽到了同一個人通過無線電波的講話。

第五個也是最後的公設是「類推的公設」。這個公設說「如果已知A和B兩類事件，並且已知每當A和B都被觀察到時，有理由相信A產生B，那麼如果在一個已知實例中觀察到A，但卻沒有方法觀察到B是否出現，B的出現就具有蓋然性；如果觀察到B，但卻不能觀察到A是否出現，情況也是一樣」。這個公設本身就令人信服（《人類的知識》，第506–512頁）。

羅素說，這些公設的要旨在於為建立科學邁出的最初步驟提供合理根據。這些公設說出除了觀察到的事實之外，我們還必須知道些什麼，才能使科學推論正確有效。這樣一來，得到合理根據支持的不是先進的科學，而是科學中本身就以常識經驗為基礎的更基本的部分。

但是「知道」在這裏是什麼意思？照羅素的看法，包含在「公設的知識」中的知道是一種「動物性的知道」，它來自與世界的相互作用所形成的習慣性

信念。這與確實的知識相距甚遠。羅素說：

> 由於世界是它現在這個樣子，事實上某些事件有時
> 是其他一些事件的證據；並且由於動物適應於它
> 們的環境，那些事實上是其他事件證據的事件就易
> 於引起對這些其他事件的預料。通過對這一過程的
> 思考並使之進一步完善，我們就得出歸納推理的準
> 則。如果這個世界具有我們大家都相信它有的某些
> 特點，那麼這些準則就是正確有效的。（《人類的知
> 識》，第514–515頁）

這些特點就是這些公設實際體現的常識事實，我
們正是在這種意義上「知道」這些公設的。它們蘊涵
在我們做出的推論之中，而我們的推論大體上是成功
的；所以這些公設在一種意義上可以看作具有自身證
實的性質。

儘管羅素認為這些公設是我們先天地知道的東
西，它們的地位卻顯然是奇特的。在一種意義上這些
公設事實上是經驗性質的，因為它們不是記錄經驗便
是由經驗所提示。賦予公設以先天地位的是將其當
作不靠經驗證實(除去實踐中的間接證實)而知道的東
西，而不是將其當作需要由這類合理根據來支持的概
括性命題。實際上羅素選用了某些一般的不具必然性
的信念，即一些在對世界的思考上特別有用的前提並

將其提高到公設的地位。反過來說，公設的間接合理根據就在於它們或其應用的結果總的說來是有效的。結合羅素在《人類的知識》中為認識論定下的極為有限的目標 —— 如今已不再是為知識追求最確實的基礎，而只是說出一些為了使科學思想可以接受而必須採用的粗略原則 —— 來看，這也許已經足夠了。但是這個目標並未自稱是對懷疑論做出回答，或是對非證明性推理做出嚴格的論述。

從以上這些話可以看出羅素在《人類的知識》中所持的論點為什麼沒有得到讀者多大反應，這使他大為失望。他充分認識到，只有在我們確信有關證據和科學推論的準則得到正確使用下會提供關於世界的實實在在的不具必然性的知識時才值得去研究它們。但是羅素的論證最多只能說明我們的經驗思維所依靠的普遍原則迄今為止大部分是成功的。但是這看來卻正像羅素特別想避免的那種不牢固的歸納邏輯，他舉的例子是一隻小雞由於一天又一天得到餵養而對世界感到越來越滿意，直到有一天碰到了一個屠夫。實用主義性質的辯護理由是有限度的，設想有個人只靠祈禱來促使西紅柿生長，每年收穫若干個西紅柿，另外有個人則對西紅柿澆水上肥，每年收穫的西紅柿比前者多得多；然而第一個園丁也許仍然會把他收穫一些西紅柿當作為之進行祈禱的實用主義性質的辯護理由。所以迄今為止，我們的原則的成功並不能

成為肯定它們是取得科學上成功的重要根據。

特別是我們不能保證不發生這種可能性，即使用這些公設會通過偶然發生或是某種系統的方式而導致謬誤，被類似那位進行祈禱的園丁所代表的情況所掩蓋。現在這種可能性確實由於羅素很少求助於認識論而得以存在。指責的原因一定是由於《人類的知識》中的論證實際上是承認了失敗，如果放在認識論傳統中去看的話。笛卡兒及其在現代哲學中的繼承者提出了關於知識性質以及如何獲得精確知識的問題，以便能夠把某些研究 —— 如煉金術、占星術和魔術等 —— 與另外一些研究 —— 如化學、天文學和醫學等 —— 區分開來。兩者的區別不僅在於它們所提供的真正有用的應用數量上，而且在於它們告訴我們關於世界的某種真理上；進一步說，後一種事實說明了前一種事實，並且通過同一途徑將兩者的範圍擴大。另外，我們的古代偏見和動物性信念也許可以在這個過程中受到質疑，正如實際發生的那樣：因為科學描繪的世界與常識的世界是很不相同的。但是羅素在《人類的知識》中卻說，應用的有效性和那些不曾改變的動物性習慣信念是我們唯一能夠希望在認識論中獲得的最後的合理根據。這同傳統認識論力圖達到的目標相距很遠，也遠遠沒有達到幾十年前羅素本人在他最初開始從事認識論工作時所抱的希望。

第四章
政治與社會

引言

　　羅素曾積極參與有關道德、政治、宗教、教育以及戰爭與和平問題的爭論，為此寫了大量著作。他並不認為它們是嚴格意義上的哲學著作。正如上一章所說，他把哲學當作一個專業學科，研究有關邏輯、知識和形而上學的抽象問題。在他看來，與此形成對比的上面那些爭論則是屬情感和個人意見的範圍，事實上涉及人生中的各種實際問題。他承認對於道德話語和政治話語可以進行形式意義上的分析，即對其邏輯形式而不是實質內容做出系統的研究，但是他感興趣的卻是些實際問題和具體問題，特別是在第一次世界大戰爆發之後。

　　儘管如此，羅素在其某些著作中還是嘗試過闡明倫理學基礎的工作。他不曾想正式提出一種有創見的學說，而是滿足於使用一些有意借自別人的看法，這些看法(在他認真關心實際問題之後)帶有「後果論」的性質，即認為人和政府的行為必須看其後果來判斷

其道德價值。同時他的文章(算不上前後完全一貫)有時卻又好像相信某些性格特徵如勇氣、大度和誠實等有其自身的道德價值。他在某些早期著作中也提出過一種與這些更不一貫的觀點,即認為道德判斷是主觀態度經過喬裝打扮後的表述。對羅素來說,他的主要問題是如何調和兩種互相衝突的東西:一方面是忠於人們深信不疑和熱情擁護的道德信念,另一方面則是道德判斷明顯缺乏理由根據。由於他對能否有一種倫理知識抱有懷疑態度,這種調和變得更加困難。

講明羅素在倫理學領域的貢獻也許最好是說他是個道德家而不是道德哲學家。同他以前的亞里士多德一樣,他也認為倫理與政治是相連續的;在認為戰爭邪惡的倫理判斷與爭取和平政治要求之間並沒有性質上的區別。因此,羅素關於道德、政治和社會的思想是互相連貫的,這就說明他在討論這些問題最深入的一本書《從倫理與政治看人類社會》中為什麼把它們放在一起來研究的道理。

在政治上羅素終其一生是個激進派,從個人小「我」來看,也是個自由主義者。第一次世界大戰後,他成了工黨黨員,在兩次選舉中當過候選人;他在1960年代撕毀了黨員證,因為他憎恨哈羅德・威爾遜支持美國在越南進行戰爭。但他從來不是照舊的意義來理解的社會主義者,因為在1890年代他為了寫第一本書《德國社會民主》(「社會民主」當時就指馬克

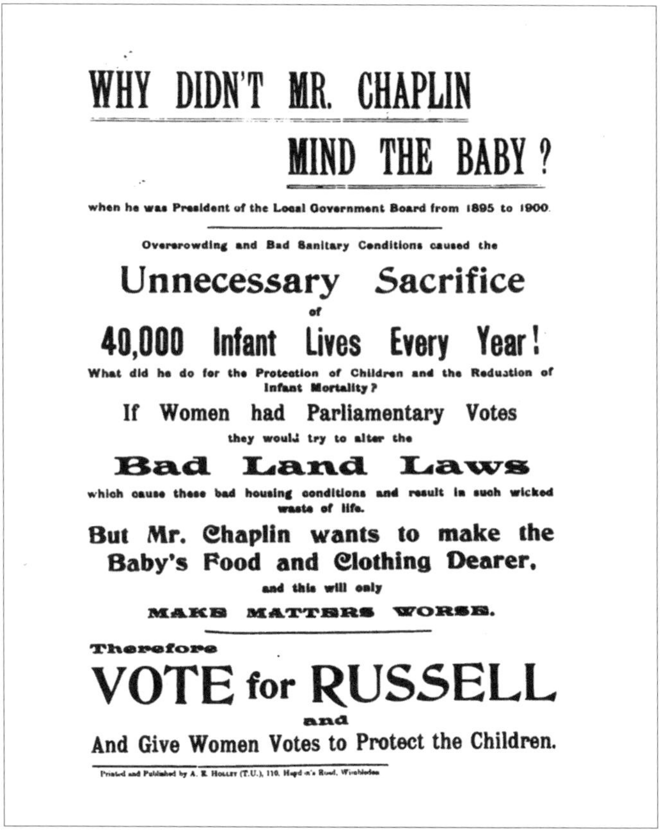

WHY DIDN'T MR. CHAPLIN

MIND THE BABY?

when he was President of the Local Government Board from 1895 to 1900.

Overcrowding and Bad Sanitary Conditions caused the

Unnecessary Sacrifice

of

40,000 Infant Lives Every Year!

What did he do for the Protection of Children and the Reduction of Infant Mortality?

If Women had Parliamentary Votes

they would try to alter the

Bad Land Laws

which cause these bad housing conditions and result in such wicked waste of life.

But Mr. Chaplin wants to make the Baby's Food and Clothing Dearer,

and this will only

MAKE MATTERS WORSE.

Therefore

VOTE for RUSSELL

and

And Give Women Votes to Protect the Children.

圖8　在1907年溫布頓的補缺選舉中，羅素作為議會候選人代表女性選舉權參選（圖中文字意為：查普林先生為何不在乎嬰兒？1895至1900年間他擔任地方政府委員會主席期間，由於惡劣的衛生狀況，每年有四萬嬰兒無辜喪生！他做了什麼來保護兒童、減少嬰兒死亡率呢？如果女性在議會中有投票權，她們就會盡力改變土地惡法，正是這些法律造成惡劣的居住條件，導致生命喪失的悲劇。查普林先生想讓嬰兒的食物和衣服更昂貴，這只會使情況更糟糕。所以，把票投給羅素吧，讓女性有選票從而能保護孩子們）

思主義)而去德國研究馬克思主義時並未被其說服。他從氣質上就反對當時人們所理解的社會主義的中央集權傾向——這實際上是社會主義(或所謂的「社會主義」)在蘇維埃世界中唯一得到充分實現的方面——所以他更傾向於行會社會主義,後者是一種非常鬆散的合作所有制和管理形式,人們可以在嚮往的理想條件下整合他們在社會、娛樂和勞動各方面的生活。

羅素最善於批評當代的道德和政治狀況。他所提出的積極改進意見卻往往顯得缺少說服力,不是流於空想就是至少(考慮到他提出這些方案時的環境)在某種程度上不可能實行。但是作為批評家、鞭笞者和指責者,羅素與蘇格拉底和伏爾泰屬同一類型的人。

任何人也不需要找尋理由或得到許可才參與關於社會大問題(政治、道德和教育等問題)的辯論。人們有理由認為作一個有見識的參與者是公民的責任。因此羅素從事這些方面的活動不需要任何辯解。但是我們有充分的理由認為他的貢獻具有某種權威性。理由就是他做這項工作比許多人的條件都優越。這並不是因為他繼承了輝格黨參與政事的偉大傳統,儘管這一點無疑也激發了他這方面的興趣和參與政事的責任感。倒不如說是因為支持他的興趣和責任感的四種無比寶貴的優點:非凡的智力、清晰的辯才、廣博的歷史知識和面對反對意見時表現的大無畏精神。這就使他成了一位令人生畏的辯論家。只是到了他一生快要

結束的時候，當他周圍的人以他的名義講話和寫文章的時候，他才顯得語調刺耳和缺少判斷力。

他的某些思想，比如說關於世界政府的信念，至今沒有得到多少支持。其他思想則有助於改變西方世界的社會面貌，例如對婚姻和性道德的態度。在其他領域中——特別是宗教方面——羅素也解放了許多人的思想，但是根據他對人性的理解，在他看到迷信在今天比他那個時代還要盛行，看到「信仰是我以生命換取的，教條是我以殺人爭取的」這個教條以加倍的猖狂又捲土重來的時候，他是不會感到驚訝的。

理論倫理學

羅素在他最早關於倫理學的思想中抱有浪漫主義的黑格爾主義觀點，認為宇宙本身就是善的，是「理智的愛」的適當對象。他接受這個觀點是受了麥克塔加特[1]的啟發，但是這一觀點不久就對他失去了的吸引力。羅素對倫理問題最早的認真研究見於他在1910年發表的論文《倫理學要義》，這篇文章表明他遵循G.E.摩爾在其《倫理學原理》中所倡導的學說。摩爾在該書中爭辯說，善是一種不可定義的、不可分析的然而卻是客觀存在的性質，存在於事物、行為和人身上，是通過直接的道德直觀行為知覺到的。摩爾抱有

1　麥克塔加特(McTaggart 1866–1925)，英國觀念論哲學家。

某種功利主義的觀點，概括講就是認為對於任何具體實例來講，應做的正確行為是就該實例而言任何可以最大限度地抑惡揚善的行為。摩爾的觀點在布盧姆斯伯利團體[2]成員中影響很大，特別表現在提倡下面這一富有吸引力的思想上：友誼和美的享受是倫理上的至善。（不懷好意的批評家說布盧姆斯伯利團體成員喜歡這個觀點是因為好像與漂亮的朋友交往就可以省錢云云。）

　　涉及功利主義觀點的各種困難很快便顯現出來。困難之一是人們不能完全知道這樣而不是那樣行事將帶來什麼後果，所以我們也許在無意中由於思想糊塗或直觀錯誤而造成不良的後果。羅素按照他所理解的摩爾觀點承認這一點，但是他爭辯說，當我們已經深思熟慮並使用一切知識做了最大努力時，我們的行為便是正確的。然而說善是客觀的主張則是另一回事，羅素對它不能長期感到滿意，因為嚴格說來它也許不能被駁倒，但也不能證明其正確，最明顯的例子是遇到某人完全不同意另一個人講他在如此這般的行為或情境面前直觀到善的存在的場合。

　　這一困難使得羅素採取了他在《哲學大綱》（1927）中所表述的觀點，即認為道德判斷不是客觀的（即沒有真偽）而是經過喬裝打扮的命令句、祈願句或

2　指本世紀初在倫敦布盧姆斯伯利Bloomsbury地區經常聚會的一些英國文人和藝術家。

態度的表述。一個命令句表示一個命令，例如「不得說謊」；一個祈願句表示一個選擇或意願，例如人們選擇一種事物而不是另一種事物，在倫理範圍內就有可用「但願沒有人說假話」來表述的例子；而「我不贊成說謊」則是關於說話者對待說謊的態度的表述。命令句或祈願句顯然不具備真值。雖然在態度的表述上情況有所不同，這只是由於這些表述是關於態度的主人的相關心理事實的描述；在談到說謊的道德價值時並沒有涉及真偽，而只是談到說話者對說謊的看法。

同摩爾的客觀主義相對比，這種立場也許可以叫作「主觀主義」。他面臨同樣嚴重的問題，其中重要的一個是它明顯不能言之成理。例如讓我們看一看對猶太人的大屠殺。如果認為人們判斷大屠殺為邪惡的理由僅僅在於人們不贊成它，這就令人無法容忍。羅素很敏銳地察覺到這種困難，所以在他對這些問題做出的最後的和最詳細的討論(《從倫理與政治看人類社會》)中努力尋找一種介乎客觀主義與主觀主義之間的立場，兼有兩者的優點而避免了各自的困難。

他在《從倫理與政治看人類社會》中爭辯說，道德判斷實際上是關於社會及其成員的福祉的判斷。這類判斷體現或表現出某一特定社會中相當廣泛的共同感受，後者一般來講涉及每個人的利益。這是一個可以根據對於世界的科學理解或者至少是合理理解來進

行說理爭辯的問題。這種認為道德上的兩難困境可能得出合理解決的信念在羅素觀察人類愚行時常有棄他而去的危險，但是他還是一直堅守着這種信念。

羅素說，倫理學的基本素材是情感和情緒。因此，倫理判斷乃是我們的希望、恐懼、慾望或反感經過喬裝打扮後的表現。事物滿足了我們的慾望，我們便判斷其為善。所以普遍的善（整個社會的善）就在於慾望得到全面的滿足，而不管享用者是誰。同理，一部分社會的善在於該部分成員慾望的全面滿足；而一個人的善則在於他的個人慾望的滿足。在這個基礎上，我們可以把「正確的行為」定義為：在任何特定情況下最有可能促進普遍的善（或者在只涉及個人的情況下就指促進個人的善）的行為；而這反過來又給了我們對道德義務的解釋，也就是說存在着我們「應該」去做的事情；這實際上是說人們應該去做照這樣理解的正確行為（《從倫理與政治看人類社會》，第25、51、60、72頁）。

羅素當然認識到這種說法有各種困難，並對其中一些進行過討論。舉例說，把「善」定義為「慾望的滿足」招來下面這種明顯的反對意見：有些慾望是邪惡的，滿足它們就更加邪惡。羅素以殘暴為例做過考察。如果某個人願意使別人遭受痛苦，難道這可能是善嗎？如果他的願望得以實現，難道這不是更糟嗎？羅素說，他的定義並不意味着說這樣一種事態好。首

先，這表示受害者的慾望不能實現，因為受害者自然願意避免受到作惡者加給他的痛苦。其次，整個社會一般不會願意讓其成員成為遭到殘暴的受害者，所以在這方面社會的慾望也將不能實現。因此，由於殘暴而不能實現的慾望將佔到很大的比重，所以殘暴是件壞事。

羅素的說法的另一個困難是：慾望可能互相衝突。他回答說，這對我們提出一個要求，即讓我們選擇那些最不容易相互對抗的慾望。羅素借用了萊布尼茨的一個專門術語，把慾望之間的融貫性稱作它們的「共存性」。然後好的慾望和壞的慾望就可以分別定義為可以與最多的其他慾望和最少的其他慾望共存的慾望。

羅素用了一章的篇幅來講像「殘暴是錯的」這一類判斷是否只是喬裝打扮過的主觀態度的表達。如前面所說，這個問題很重要，讓羅素深感不安。他的結論也許可以叫作他的「社會學的」解答(道德價值是一種社會共識的產物)，這是他在考察過倫理學爭論所提供的各種可能選擇之後得出的。

問題可以這樣來表述：通常的事實話語與道德話語之間的區別在於後者中出現「應該」「善(好)」等字詞及其同義詞。這些字詞是屬倫理學的「最小量詞匯」即對任何有關倫理概念的理解都是不可定義的和基本的東西，還是說它們能用其他東西例如情感和情

緒來定義？如果是後一種情況，那麼所說的情感是屬做出道德判斷的個人，還是更廣泛地指人類的慾望和情感？（《從倫理與政治看人類社會》，第110–111頁）

在討論這些問題時，羅素指出在我們考察某一特定情況下應該做什麼所引發的道德上的分歧時，發現許多分歧來自對於不同行為的後果抱有不同的看法。這就表明道德判斷依靠對於後果的估計，因此我們可以把「應該」定義為：應該做的行為是就該特定情況講所有可做出的行為中最可能產生最大「自身價值」（這是羅素用來代替「善」的一個更為確切的說法）的行為。

「自身價值」是可定義的嗎？羅素認為是可以的。他說：「考察一下那些我們認為有自身價值的事物，就會發現它們都是我們想要的或給人快樂的事物。很難相信在一個沒有感知的宇宙中有什麼事物具有自身價值。這就向我們提示『自身價值』可以由慾望或愉悅或者兩者來定義」（《從倫理與政治看人類社會》，第113頁）。由於慾望之間有衝突，所以並非所有慾望都有其「自身價值」，羅素因此將這個概念更精確地理解為「精神狀態」的一種屬性，為經驗過這種狀態的人所嚮往。

在經過這種修正之後，羅素對自己的觀點作了下面的總結。一般來說，我們贊成或者不贊成某些行為全看我們認為這些行為可能產生什麼後果。我們對贊

成的行為的後果說「好」，對不贊成的行為的後果就說「壞」。我們把行為本身分別稱作「對的」或「錯的」行為。在一定環境下只要是對的行為都是我們「應該」做的，也就是說只要是產生最大的善的行為都是「應該」做的。

在這些論點中最有份量的是第一個論點。如果道德評價是一個人們贊成或不贊成的問題，難道我們不是陷進了主觀主義的困境，使得我們對於諸如種族主義、不寬容、殘暴等等錯誤不能根據合理的理由來表明態度？羅素的回答是，事實上人們在所追求的事物上有着廣泛的一致意見。他同意亨利·西奇威克[3]的意見，即認為人們普遍贊成的行為乃是那些產生最大幸福或快樂的行為。如果這包括理智的和審美的興趣的滿足（「如果我們真認為豬比人幸福，我們不應因此而歡迎西爾斯[4]的服侍」；某些快樂本身就比其他快樂好），那麼我們就可以逃避主觀主義；因為這個觀點向我們提供了關於應該做什麼的陳述句，後者並非經過喬裝打扮的祈願句或命令句，從而具有真值；但這些陳述句仍然建立在關於我們的感情以及慾望的滿足的事實之上。

關於我們的感情的事實是「對」和「錯」的定義

3　亨利·西奇威克(Henry Sidgwick 1838–1900)，19世紀英國著名道德哲學家。

4　荷馬史詩《奧德賽》中的女妖，曾將奧德修斯的隨行夥伴變為豬身。

的基礎；而關於慾望的滿足的事實則是「自身價值」的定義的基礎。所以羅素自稱已經在客觀主義與主觀主義之間明確表述了一種中間立場，這種立場同時還十分明顯地具有實際的說服力，不僅對於在道德爭論中普遍有爭議的個人行為，而且對於社會習俗、法律和政府政策也都提供了一種評價方法。

儘管羅素對這個觀點抱著樂觀的態度，它仍然有一些困難。實際上它是說評價的基礎在於對慾望的共識。但這卻意味著如果某一社會中大多數人比如說厭惡同性戀，那麼同性戀就會被認為是壞事，而在一個比較寬容的、民意不同的社會，同性戀便不是壞事了。這種程度的道德相對論言之成理嗎？這個困難涉及另一個困難，即衡量一件事後果的價值要看其滿足多少慾望，對猶太人的大屠殺的邪惡程度是受害者以及世界大多數人的慾望遭受挫折遠遠超過納粹慾望滿足的程度的函數，這大多數人也許不願讓種族滅絕成為習以為常的事情(也許是當他們成為受害者的時候)。羅素本人感覺有某種更為有力的東西支持著我們面對大屠殺所感受的道德震撼，但是他的原則並未對此做出說明。

稍稍熟悉倫理學爭論的人都會看到羅素在這一領域中努力取得的成就是零散的。甚至《從倫理與政治看人類社會》一書中的討論也是規勸性質多於哲學性質的。該書根據一些心理學的概括，不過是做出一種

追求嚴格性的姿態；其目的是讓我們接受一種實用的做出倫理評價的方法，而不是為倫理學奠定理論的基礎。如已指出的那樣，部分理由是羅素不相信在倫理學的討論中可以使用嚴格的標準；《從倫理與政治看人類社會》中有關倫理學的篇章原本想作為《人類的知識》的續篇，但他因不滿意而未公之於世，只是等到最後確定已不能使其包含的論證更加系統化之後，才補充了講政治問題的篇章而予以發表。但是他並不後悔；他在倫理學上的主要目的，同他討論社會問題一樣，說到底是一種論戰的性質。他希望影響人的生活方式，為了這個目的他的努力主要限於倡導和說服的工作。

實用道德

羅素獲得諾貝爾獎是由於他在文學上的成就，所舉的書則是《婚姻與道德》。羅素寫了很多文章談論實際的道德問題，其中最好的一些文章是他投給報紙的幾十篇短文，其中由美國赫斯特新聞出版社(Hearst Press)在1930年代初期發表的佔有重要的地位。在這些短文(字數總是七百五十字，符合報紙為專欄留出的篇幅要求)中，羅素給人的印象是觀察敏銳、容忍大度、待人寬厚、判斷明智 —— 在很多問題上不僅大大走在他那個時代甚至也走在我們這個時代的前頭。

我們且舉他的一篇文章《論變通》為例。他說，我們把變通與誠實放進不同的範疇，但這卻要付出一定的代價。

　　我有時從公園裏遊玩的孩子們身邊走過，聽到他們說：「媽媽，那個怪老頭兒是誰？」聲音又高又清楚。得到的回答卻是：「噓！別作聲！」聲音很低，像是吃了一驚。孩子們隱隱約約覺察到自己做錯了事，但是一點也想像不出錯在哪裏。孩子們偶爾都會收到自己並不喜歡的禮物，父母卻教育他們必須裝得喜歡。因為父母又告訴他們不應該說謊，這就造成道德上的混亂。[《論變通》，收進《凡人與其他》（Allen & Unwin, 1975）第1卷，第158頁]

　　這就是一種讓人學會變通的教育。羅素說，變通無疑是一種美德，但是它與偽善之間的界線卻很單薄。區別只是在動機上。如果遇到直率便會讓人不快的情境，促使我們讓人高興的動機來自善意，那麼變通便是適宜的；如果動機是害怕冒犯別人或是想通過諂媚取得好處，那麼這種變通便不那麼令人愜意。

　　非常誠實的人不喜歡變通；當貝多芬在魏瑪走訪歌德時，他驚訝地看到歌德很客氣地對待一群愚昧的廷臣。永遠誠實、從不說謊的人一般都得到大家的賞識，但羅素說這是由於真正誠實與嫉妒、惡意和心胸

圖9　羅素於1950年獲諾貝爾獎，圖為他從瑞典國王手中受獎
© Bettmann/Corbis

狹窄無緣。「這類惡習我們大多數人都沾一點，所以必須實行變通以避免冒犯別人，我們不能都是聖徒，而如果不可能做聖徒，那麼至少可以努力做到不要讓自己太討人厭。」

這些話也許並不太重要，但卻很有見地，提出的論點值得我們考慮。羅素講社會問題的報刊文章總是有這些特點：可供欣賞、有趣味並且發人深思。

《婚姻與道德》討論的是些更大和更迫切的問題。本書集中探討性與家庭生活。按照羅素的觀點，性道德有兩個主要來源：男人願意確信他們是妻子所生孩子的父親，還有性是有罪的這一由宗教灌輸的信念。羅素總是願意從當代科學中獲得啟發，在這個方面他從生物學中找尋可以說明習俗起源的理由。這促使他認為人類早期的性道德的生物學目的在於保證雙親對每個孩子進行保護，這是羅素非常讚成的一個好動機。他說，許多壓力威脅着現代家庭生活，對此應該加以抗拒。孩子需要雙親的慈愛；另外的選擇則是照柏拉圖所希望的，把教養孩子部分或全部交給國家去管，而這卻是不可取的。如果孩子由國家教養，其結果會使他們過份一律，也許還會過份無情；這樣教養出來的孩子會成為政治宣傳家和煽動家的良好招募對象。

但是僅就個人性道德而言，羅素認為現代人在言論和行為上表現出更多的自由傾向是件好事。更加自

由地發表意見是由於傳統道德（特別是宗教道德）約束的放鬆；更為自由的行為由於避孕方法的改進而成為可能，後者使得女人與男人可以同樣控制其性生活。

按照羅素的意見，性是有罪的這一主張給人造成了不可估量的傷害。這種傷害開始於童年時期，一直延續到成年之後，表現為各種壓抑及由此造成的心理壓力。由於壓制性衝動，傳統道德也敗壞了其他各種友好感情，使得人們不再表現出慷慨和善良，而更偏向專斷和殘酷。當然性必須受一種道德準則的約束，正如生意和遊戲一樣，但是這種道德準則不應根據「由生活在一個與我們完全不同的社會中未受過教育的人所提出的古代禁律」。羅素在這裏指的是很久以前教會神父所主張的教義。「正如在經濟和政治上那樣，在性這一方面我們的道德準則仍然受一些恐懼的支配，而這些恐懼早已被現代的發現證明沒有道理。」（《婚姻與道德》，第196–197頁）

一種以反對傳統清教徒教義為前提的新道德必須建立在那種認為應該疏導而不是壓制本能的信念之上。對兩性生活抱有更加自由的態度並不意味着我們可以照本能行事，為所欲為。這是因為生活必須有其連貫性，我們最值得付出的某些努力所追求的都是長期的目標，而這就意味着推遲短期的滿足。此外我們還必須考慮別人和「正直標準」。但是羅素爭辯説，自制本身並不是目的，道德傳統對於自制的需要應該

降低到最小限度而不是升高到最大限度。如果從童年起本能就得到很好的引導，就可能實現第一種情況。傳統的道德家認為由於性本能的強烈，所以在童年就必須嚴加克制，唯恐本能變得無法無天和粗俗不堪。但是健全的生活是不能建立在心神不安和禁律之上的。

因此，羅素認為性道德應該依據的一般原則要簡單而且要少。首先，性關係應該「盡可能建立在男女之間的深摯、認真的愛情之上，這種愛情溶進雙方的整個人格並且導致一種結合，使每一方都從中得到豐富和擴展」。其次，有了孩子就應該使其在生理上和心理上得到充分的關照。這些原則中沒有一條特別令人感到震驚，羅素講這些話時帶有一定程度的反諷意味，因為他意識到自己由於通姦、離婚、未婚同居以及對於向公眾隱瞞所表現的滿不在乎的態度而受到責罵，這些事在當時都是招來極大非議的。但是這些原則合在一起卻表示對傳統道德規範做出了某些重要的修改。

一種修改是允許某種程度的通常所說的「不忠」。如果一個人生來所受的教育不把性當作受到各種禁忌束縛的事，如果妒忌得不到道德家的贊許，那麼人們就能以更為熱情和大度的態度彼此相待。妒忌把夫妻投進相互建立的監牢之中，就好像一方有權支配另一方的人格和需要。「不應把不忠視為可怕的事情」，羅素寫道，「堅信深摯而永久的愛具有超越

一切的力量」是比妒忌牢固得多的紐帶（《婚姻與道德》，第200–201頁）。在另外的地方羅素爭辯說，沒有什麼理由反對開放的婚姻（人們有時這樣稱呼這類安排），只要女人和戀人不生下要由她丈夫養育的孩子。他與多拉的婚姻之所以終結，部分就是由這個問題造成的。

　　羅素在《婚姻與道德》一書的結論部分說，他所提出的學說儘管有這些關於忠貞的議論，卻並不是主張放縱；實際上這種學說同傳統道德幾乎要求一樣多的自制，重大的區別在於自制主要是不去干涉別人的自由，而不是用來限制自己的自由。羅素寫道：「我認為可以抱這樣的希望，即如果從開始就受到正確的教育，那麼就比較容易養成這種對別人人格和自由的尊重；但是對於我們當中那些由於所受的教育而認為我們有權以道德的名義否決別人行為的人來說，不行使這種令人愜意的迫害卻無疑是困難的。」幸福的婚姻存在於相互尊重和深摯感情之中。有了這些，男女之間的真正愛情就是「整個人生中最富有成果的經驗」；而這正是一切關於婚姻與道德的思考所應努力促成的（《婚姻與道德》，第202–203頁）。

　　當時許多人都對羅素的觀點表示出很大的震驚。《婚姻與道德》一書使羅素在1940年失去了他在紐約的工作（儘管如已指出的那樣，十年後這本書使他獲得了諾貝爾獎，這也說明生活是多麼不可預測），加上傳

説他喜歡女性陪伴，所以許多人説他是個好色之徒。但是關於這些觀點有兩點值得指出。一是這些觀點所表現的見識顯得鎮定而寬容。二是它們並非從天而降；事實上這表現出1920年代和1930年代左翼知識分子先鋒派共同抱有的一種態度，對他們來説自由戀愛和反對性妒忌已經是不成文的原則了。羅素具備必要的勇氣和清晰的邏輯説服力來表達這些思想，希望把新鮮空氣送進生活中最需要它的地方。儘管在過了一個世紀之後，人們的態度和實踐都發生了革命(其所以可能一部分原因也是由於羅素的倡導)，作為對抗反動的特效藥，他的論證仍然值得我們去讀。

在羅素關於人際關係的看法中有三個題目經常出現。一個是宗教有害，另一個是需要良好的教育，第三個是個人自由。每一個題目都是羅素社會思想中長期探討的話題，他都給予了充分的注意。我將逐一加以考察。

宗教

當人們得知羅素並不是個無神論者時會大吃一驚。相反，他是個存疑論者。前後一貫的立場要求他承認也許有存在着神的可能，但是他認為這類事物存在的可能性非常小，而且如果有這類事物(特別是像基督教正統的上帝)的話，人們在道德上對世界的憎惡甚

至會比現在還要強烈，因為這樣我們就得要麼承認一個萬能的上帝允許世界上存在自然界的和道德上的邪惡，要麼承認這就是上帝的意願(「自然界的邪惡」指疾病以及諸如地震、颱風等天災)。按照羅素的看法，走訪一所兒童醫院的病房就足以讓人覺察到不可能有神，如果有也是個兇惡的妖怪。

人所共知，有人問羅素在他臨死時如果竟然發現上帝存在，他又該怎麼辦？他回答說，他會責備上帝不提供關於他存在的充分證據。有人又問他怎樣看待「帕斯卡的賭注」。這種觀點是說我們應該相信上帝存在，即使有關其存在的證據微乎其微，因為這樣做的好處遠比上帝不存在帶來的壞處要大。羅素回答說，如果上帝存在，他也會贊成那些不相信上帝存在的人，因為他們動腦筋看出：讓人相信上帝存在的證據並不充足。

羅素通常使用的方法是：除非有正當理由，否則就不承認一個命題。自然神學(「自然神學」是指關於神的概念的討論，不涉及在聖經或神秘經驗中出現的具體啟示)中有關上帝存在這個命題的中心部分是大家熟知的各種「上帝存在的證明」所組成的集合。羅素在《我為什麼不是基督徒》(1957年；最初作為講演發表於1927年)中曾討論過這些證明。

第一個是最初因的論證。這個論證說萬物皆有原因，所以必然有一個最初因。但是羅素說這個論證前

後並不一貫，因為如果萬物都有原因，那麼最初因又怎能沒有原因？根據某些看法，上帝是以自己為原因的原因(在亞里士多德那裏叫作原動者)，但是要麼這種觀念前後不一貫，要麼如果它指示某種可能有的事物，那麼或者整個論證所依據的普遍因果關係原則(它似乎蘊涵着原因一定不同於其結果的道理)是錯誤的，或者如果原因可以是自身的原因，為什麼只有一個這樣的原因？

第二個論證是根據宇宙顯示出圖式而得到的結論：有圖式就必有設計者。但是一則因為圖式可以從演化中找到解釋，並不需要涉及宇宙中另外的實體，而且與經驗材料相符合；二則因為不管怎樣也找不到顯示世界總圖式的證據，而事實(這符合熱力學第二定律所説的世界實際上正在蜕變的説法)卻讓人想到相反的結論。

第三個論證説，必須有個神作為道德的根據。然而這是説不通的，因為正如羅素在別的地方簡單扼要地爭辯過的那樣，「神學家總是教導人們説，上帝的天命是善的，而且這並不是同義反復：因此善在邏輯上並不依靠上帝的天命」(《從倫理與政治看人類社會》，第48頁)。也許我們還可以進一步説，如果認為神的意志可以作為道德的根據，那麼一個人按道德行事的理由就只是出於慎重，為的是免受懲罰。但這顯然不是令人滿意的支持道德生活的基礎，而無論如何

在任何論證中威脅也不能作為邏輯上有力的前提。

康德用過的一個相關的論證是：必須有一個上帝來獎賞善行並懲罰邪惡，因為從經驗得知在現世生活中顯然並非總是甚至並非常常是善有善報。然而羅素說這就像是在講因為柳條筐上層的所有橘子都腐爛了，所以靠下面的橘子一定是好的；這是荒謬的。

許多反對宗教的人雖然痛斥宗教在世界上煽起了迫害與不和，卻仍覺得耶穌基督是個有魅力的人物。羅素並不這樣想。他覺得耶穌不如佛那樣溫和、仁慈，而在智力和品格上又遠遠不及蘇格拉底。他的某些行為令人不快，比如說他毀了那棵無花果樹——它不能結果是由於過了季節，以及威脅說要用永世的苦難來懲治不信奉他的人。羅素指出，許多世紀以來，只要符合教會的利益，教會就促使人們按字面的意思去相信這些帶血腥氣味的警告。但是在一個比較合乎人道的時代，當批評家指出這些話多麼可憎的時候，教會卻改口說它們只應該按照比喻的意思去理解。

但是羅素的攻擊火力主要是對準作為一種有組織的現象的基督教。他痛恨迷信（「羅馬天主教會說神父能通過對一塊麵包講拉丁文就將它變成基督的身體和血液」）及其完全不合邏輯的性質（「我們被教導說星期六不要去工作，而新教徒則把它理解為星期日不要玩耍」）。按照羅素的觀點，基督教與其他宗教的不同就在於它喜好迫害。基督徒們折磨並殺害異教徒、猶

太人、自由思想家，還互相殘殺；他們淹死、燒死並用其他方法謀害成千上萬的無辜婦女，說她們行使巫術；基督教還用其關於罪和性的荒謬教義來摧殘億萬人的生命。

羅素在反對宗教的戰爭中使用的武器主要是嘲笑和鄙視。他比他的對手們更熟悉《聖經》，能摘引適當的句子搞得他們不知所措，例如他在討論宗教與科學的相對優點時說：「《聖經》告訴我們野兔反芻」，這就讓原教旨主義者在面對動物學時感到不好辦。宗教與科學之間的不同確實是再明顯不過了。宗教講的是絕對的和無可爭論的永恆真理；科學則比較小心謹慎並帶有嘗試性。宗教給思想加上限制，禁止進行與教會信條相衝突的探討；科學則抱着虛心的態度(《宗教與科學》，第14–16頁)。這些都是生動有力的對比。在科學理性面前，宗教最好不再頑固堅持原教旨主義的立場，而要用寓言的方式解釋經文，並把宗教真理高於人類理解的主張隱藏不用。

但是儘管羅素對宗教抱有敵意，他本人倒是個有着宗教般虔誠態度的人。這是一個表面上的悖論。一個人可能以宗教態度對待生活而不相信有超自然的存在物和現象。這樣一種態度就是欣賞藝術、愛情和知識的態度，它給人類的精神提供營養，並且使人在世界和他所愛的人面前有一種敬畏之感，同時還感受到有一個包括自身在內的無限廣闊的天地。羅素在《一

個自由人的崇拜》這篇文體過份華麗的有名文章中所表現的正是這種心靈境界(這篇文章是在他第一次婚姻失敗和隨之而來的人生觀改變的影響之下寫成的)。然而文章還是帶有悲觀的保留態度:

當事實與理想之間的對立開始充分顯露出來之後,為了維護自由,看來就必須有一種激烈反抗和強烈憎恨神祇的精神。用普羅米修斯那樣的剛毅不屈來面對一個懷有敵意的宇宙,永遠注視並永遠自發地憎恨其中的邪惡,承受由權力的惡意所製造出來的一切痛苦,看來是所有不肯在命運面前彎腰的人的責任。但是憤怒仍然是一種枷鎖,因為它強迫我們的思想專注在一個邪惡的世界上;而在強烈激起反叛的願望中有一種智者必須克服的蠻橫專斷。憤怒使我們放棄思想而不是慾望;斯多葛派所說的體現智慧的自由是放棄我們的慾望而不是思想。放棄慾望讓我們與世無爭;思想自由創造出整個藝術和哲學的世界,創造出美的境界,憑此我們終於重新征服了半個不服從我們意志的世界。(《一個自由人的崇拜》,1903年,後收進《神秘主義與邏輯》)

正如這段文字所表明的,羅素對於超然境界(即斯賓諾莎所追求的使人獲得自由的夢想:對萬物有一種完全透徹、冷靜和全面的理解)的渴望總是忘不了世上

有人遭受苦難的嚴酷事實。他在其《自傳》的前言中寫道：「愛和知識，只要可能存在，便是通向天國的途徑。但是憐憫總會把我帶回到現世上來。」因此可以說，羅素以存疑的態度渴望天國，並努力找尋使人類到達天國的途徑。

教育

羅素希望，在這些途徑中主要是依靠教育；在他看來，這是一個人們應該怎樣準備去生活的問題。他並未特別關注設立學校和大學以及師資訓練的行政細節，像韋布夫婦[5]也許可以做到的那樣，而是談論教育要達到的可以稱之為精神上的(仍是就其世俗意義而言)目標。他寫道：教育的目的是培育品格，而最好的品格是具有「最大限度的」活力、勇氣、機敏和明智。這就是他在1926年出版的《論教育》一書中所發表的意見，一年以後他就和多拉創辦了畢肯希爾學校。這本書主要講童年早期教育，羅素在自傳中承認「他的心理學過份樂觀」，他所建議的方法在某些方面也「過份嚴厲」。比如說他從蒙特索里[6]教育原則搬來的那種看法，即認為如果一個孩子的行為不好，就

5　韋布夫婦(Sydney and Beatrice Webb)，二人均為英國經濟學家和社會改革家。

6　蒙特索里(Montessori 1870–1952)，意大利女教育家。

應該把他隔離開，直到學好為止。羅素後來認識到這是一種殘酷的紀律處分。

然而《論教育》還是包含了一些正確的建議。羅素爭辯說，從最小年齡開始，嬰兒就應過有規律的日常生活，並且要給予他們盡可能多的學習機會，但是父母應該掩蓋自己的焦慮，以免「通過感染而傳給孩子」。這個主張反映出羅素的一種信念，即認為由於在其他高級哺乳動物中焦慮並不屬本能，所以兒童出現焦慮必然是從成年人那裏學來的。同時羅素還告訴讀者不要為了盡父母的責任而犧牲自己，而是要在他們自己的興趣與孩子的興趣之間保持適當的平衡。

羅素相信知識本身既使人思想自由又保證人不受恐懼的危害。對於外界事物的濃厚興趣(這也是他的《幸福之路》一書中的一個主題)是對於過一種有勇氣的快樂生活的強有力幫助。羅素也告訴人怎樣提倡誠實與大度：不是依靠懲罰說謊與不寬容(因為表面上看來似乎是說謊的行為實際上也許是出自我們的想像)，而是依靠鼓勵誠實與大度實際體現的積極品質。他後來承認，正是在這一方面，也許他對幼童心理抱有過份樂觀的態度。他當小學教師的經驗很快就讓他知道，兒童們有做壞事的能力，而如果做壞事不受到懲罰，那就會發展到可怕的地步，正如《蠅王》(*Lord of the Flies*)裏講的那樣。

但是即使就這些早期觀點而論，羅素也未曾主張

放任原則，特別是關於學習。他相信培養自我約束和集中注意力的習慣從長期來看起着解放思想的作用；儘管他爭辯說應該靠吸引兒童的注意力而不是靠強迫他們去完成作業，他並不反對必要時還得讓他們刻苦學習。他說，兒童到五歲就應該學會讀，並應及早開始學習兩種語言。學生需要而且應該得到數學基本知識的訓練。到了上小學的年齡就能夠欣賞詩歌與戲劇，但是真正鑒賞文學則是以後的事。學習經典作品、歷史和科學要更靠後一些；到了這個階段，學生在學過這些科目之後，應該自己選擇最感興趣的學科繼續鑽研下去（《論教育》，第18–162頁）。

這些有關課程的看法還是相當符合傳統習慣的。不符合傳統看法並因而在當時招來誹謗的是羅素關於性教育的說法。許多關於畢肯希爾學校的流言一下子傳播開來；據一個很有代表性的故事講，有位主教到門口碰見一個赤裸着身子的孩子，大喊了一聲「上帝啊！」，那個赤身的孩子卻回答說「沒有上帝」。但是事實上羅素所爭辯的只是不應讓孩子們為自己的身體感到不安，所以應該在青春期到來之前就把性機能從容地告訴他們，因為及早開始性教育的一個有力理由是，孩子們由此將不會通過不適當的和過於興奮的方式得到性知識。羅素同當時的一般醫學意見有着驚人的一致之處，那就是懷疑手淫是否是件好事，所以

圖10　羅素對畢肯希爾學校嚴重的校園恃強凌弱現象深感震驚。他視之為成人世界野蠻行為的縮影，認為它表明了國家主義和戰爭是人類境況不可避免的部分 © FPG/Telegraph Colour Library

至少在這個問題上人們顯然不能指責他發表過什麼危險意見。

五年以後，根據自己辦學的第一手經驗，羅素寫了《教育和社會秩序》(1931)。他在書中仍然堅持他在《論教育》中所說的大部分意見，但是現在卻將其稱作「消極的」理論，承認需要加以補充。根據這個「消極的」理論，教育的任務在於提供機會和消除障礙，好讓孩子們能夠按照自己的方式去發展。羅素現在看到另外還應該讓孩子們接受與人相處的積極教導。他在畢肯希爾由於看到一些恃強凌弱的事而感到震驚，認為這是成年人甚至整個國家的殘暴行為的縮影。他對於人的本性中就有非理性和侵略性所抱的擔憂由於這一經驗而加深了，這使他為世界感到絕望，因為這也似乎表明國家主義和戰爭是人類境況中不可避免的事情。

羅素從來不過份誇大對教育的期望。但是儘管因實際的教學實驗而感到幻滅，他還是保持着他所特有的自由信念，即對於一個更美好的世界的希望必須主要寄託在教育身上。羅素在他論述社會與政治問題的通俗著作中確實正是不知疲倦地在做這件事：以全世界為課堂進行教育。不管發生什麼事情，他從來沒有放棄這一希望：只要在兒童時期給予孩子正確的指導，就可以培養出有活力、勇敢、機敏和明智的人。

政治

　　羅素認為，我們要想瞭解政治，就必須瞭解權力。從歷史上看，一切政治制度都紮根於權威；起初是一個部落或國王的權威，人們出於恐懼而順從他；後來則服從王權制度，人們出於習俗而效忠它。有人認為文明社會產生於最初的「社會契約」：按照契約，個人放棄一部分自由以換取社會生活的利益——其中最重要的就是安全。羅素不同意這個看法。他說，假如真有最初的契約，那是在上層統治成員之間的「征服者的契約」，他們簽署契約是為了鞏固其地位和特權（《權力》，第190頁）。

　　照羅素的觀點看，歷史表明君主制構成了最早形成的政治制度。權威通過各個社會等級往下傳，從國王（在許多政教制度中自稱其權威受之於天）起傳到貴族、鄉紳等等階層，最後傳到住在茅舍、地位最卑微的一家之長。這種制度在其能夠得到人們的效忠時，具有使社會凝聚起來的優點。其缺點則在於專制統治者沒有施仁政的動力；有許多實例表明這類制度可以變得暴虐和殘酷（《權力》，第189頁）。

　　羅素說，君主制的天然繼承者是寡頭政治，後者有許多不同的形式：貴族統治、財閥統治、教會統治或政黨制度。在中世紀的自由城以及拿破崙佔領前的威尼斯，由富人掌權治理，羅素認為這種統治運作得

很好，但是他認為現代的實業大亨還達不到同樣的水平（《權力》，第193頁）。正如君主制在取得臣民效忠時能夠產生社會凝聚力一樣，教會統治和政黨寡頭政治通過共同的信仰和意識形態也能做到這一點；但是它們的重大危險在於其對自由的威脅。這類寡頭政治不能容忍與他們觀點不同的人，也不允許可能向他們壟斷的權力進行挑戰的組織存在（《權力》，第195–196頁）。

然而羅素看到，在各種寡頭政治下，只要保證有自由，就可以得到一種好處，即它們允許一個有閒階級的存在。理由在於閒暇是繁榮精神生活（文學、學術和藝術）的一個條件。在過去這要許多人做出犧牲，這些人不得不做長時間的勞動，好讓少數人得以享受所需要的各種自由。但是羅素相信，只要善於利用現代工業技術，「我們就能夠在二十年內消除全部赤貧、大約半數的疾病、壓迫世界十分之九人口的整個經濟奴役制度：我們能讓世界充滿美麗和歡樂，保證世界和平」（《政治理想》，第27頁）。羅素在1917年發表了這些帶有空想性質的議論，在戰爭的黑暗年代給人點燃了希望之光，但是這些話並非完全沒有道理：有了科學的成功並將其合理應用於和平目的，就沒有理由認為不應讓更多的人享用更多的閒暇，從而讓他們可能有更多的條件去過充滿創造力的富裕生活。這樣一種可能性否定了維護允許有閒階級存在的社

會結構的論證，轉而贊成民主政治，發出追求正義的強烈要求。

羅素說，民主政治與寡頭政治的不同仍然只是個程度的問題，因為即使在民主制度下也只有少數人能夠掌握真正的權力。這就使羅素對於受到高度讚揚的英國議會模式也表現出不屑一顧的輕蔑態度，因為一般議會議員實際上只不過是他(或她)的政黨手中的投票工具。但是民主政治的前景還不是漆黑一團，因為雖然民主政治不能保證有好的政府，卻可以防止某些邪惡，主要是靠其確保不讓壞的政府永遠掌權(《權力》，第286頁)。

在羅素看來，民主政治最大的優點是它與受到他高度評價的「個人自由學說」緊密相關。這個學說由兩方面組成。第一個方面是個人自由受到正當法律程序要求的保護，使人免受任意逮捕和懲罰。第二個方面是個人有不受當權者控制的行動範圍，包括言論與宗教信仰的自由。這些自由並不是沒有限度的；例如在戰時為了國家安全，也許有必要限制言論自由。羅素認識到在整個社會利益與希望得到最大自由的個人利益之間的確可能有很多對立。他說：「一個政府在它能夠信賴人們行動上的忠誠時，給予他們思想自由並不困難；但是當它不能得到人們行動上的忠誠時，事情就會比較困難。」(《權力》，第155頁)

對於羅素來說，政治組織的問題從根本上說是經

濟組織的問題。羅素早年，在第一次世界大戰之前，是個自由貿易的擁護者，他還一直是個自由企業的支持者，其有力理由便是他反對讓經濟力量過份集中在任何一個集團手中，不管是資本家還是政府。他看不出有什麼理由認為人不該富有，只要錢是自己掙來的，但卻反對繼承財富的思想。儘管他成年時期絕大部分都站在社會主義一邊，但這卻是某種經過特別修正的社會主義。他說，政府控制經濟事務是為了防止經濟上的不公正。但是正如從蘇聯進行的共產主義實驗所看到的，把生產資料的所有權或控制權都收歸政府並不是最好的辦法。羅素還是喜歡那種在法國叫作工聯主義而在英國則叫作行會社會主義的學說；這種學說主張工廠應由本廠工人管理，而企業也應組成行會。這些行會將向國家交稅，以換取原料，此外則有權決定工資和工作條件以及出售產品。各行會還可以自己選出代表大會，而產品的消費者則選出議會，兩者結合起來便可以構成國家政權，決定稅收並作為國家最高法院裁決工人與消費者的利益（《自由之路》，第91–92頁）。為了確保行會的存在不危及自由，特別是發表意見的自由，羅素建議每個人不管是否工作都應得到一份微薄的最低薪金，這樣每個人只要願意都可以保持相當的獨立性。任何一個想得到超過這份最低薪金的人就去工作，工作越多就越富有。對此，明顯的反對意見是：這個方案是行不通的，因為如果

人們選擇不去工作，那麼就會出現沒有稅收同時卻要得到最低薪金的局面。羅素對這種反對意見表示不屑一顧，他說大多數人都願意為了過富裕的生活而去工作；不管怎樣，行會社會主義下的工作條件和生活條件都比較舒適，所以人們不會反對工作(《自由之路》，第119–120頁)。

行會社會主義的重大原則問題是權力(這個最重要的政治商品)的下放。照羅素的觀點看，權力的集中，特別是集中在政府手中，增加了戰爭的可能性。因此把權力分散到許多集團或個人手中是非常值得嚮往的事情。「除了維護秩序以外，實現國家的積極目的不是靠國家本身，而是應該盡可能靠各個獨立的組織。這些組織應該得到完全的自由，只要它們滿足國家的要求即提供的錢不少於必需的最低薪金。」(《社會改造原理》，第75頁)羅素在其較早時期的政治思想中就表現出這種觀點，此後一直堅信不疑。他在《權力》一書中爭辯說，目前比任何時候都更有必要防範官方的暴政、宣傳和警察，就後者而言他首次提議事實上應該對監管者進行監管：一支警察力量應完成通常為了逮捕嫌疑罪犯而搜集必要的證據並提出指控，而另一支警察力量則應搜集證據來證明這些人無辜。

羅素在政治上反對權力集中的傾向與他對國家主義所抱的敵視態度密切相關。第二次世界大戰之前，他指責國家主義是一種「愚蠢的思想」，是「我們這

個時代最危險的惡行」，它預示着歐洲的毀滅。第二次世界大戰之後，他看到國家主義在蘇聯和美國重新抬頭，只是這次由於兩國都擁有大規模毀滅性武器而危險得多。他爭辯説，制止國家主義及其威脅的辦法就是建立世界政府。

從表面上看，這種信念與羅素反對權力集中的信念似乎不大一致，他也承認把軍事力量交給一個唯一的世界權力機構的危險。但是他認為這比再發生世界大戰要好得無法估量，在這種戰爭中會使用具有更大毀滅力的武器，從而可能消滅地球上的生命。在羅素看來，這是罪大惡極，所以不管什麼事情都勝過它。但是建立一個世界政府並不一定僅僅是兩害相權取其輕之舉。要對世界政府保持某種程度的控制，一個辦法也許是除了軍事力量之外，把權力儘量下放給最小的實際運作的地方單位。

然而羅素最後還是説：

一個世界國家或國家聯合體，如要取得成功，就必須盡可能在由戰爭來決定的意義上，而不是靠海牙國際法庭所會採用的法律準則來決定問題。權威的功用應是使訴諸武力成為不必要，而不應做出與通過武力所達到的目標截然相反的決定。（《社會改造原理》，第66頁）

怎樣才可以產生一個世界政府？各國政府不大可能願意放棄其主權來支持一種烏托邦式的理想。照羅素的看法，最有可能使用的方法是一個強國或強國集團最終將控制世界，從而在事實上構成世界政府。按照冷戰的說法，北約與華約(或者更準確地說是其各自主要國家)可以看作是在為了取得這一結果而相互競爭。羅素認為這類似中古時期正常運作的政府的發展：國王取得權力，然後通過一種演變過程，主權越來越受到民主的控制。他認為這樣一種過程也許可以發生在世界政府身上。「國際關係中由秩序來取代無政府狀態，如果得以實現，那將是通過某一個國家或國家集團的超級力量來完成的。只有在建立這樣一個唯一的政府之後，走向民主形式的國際政府的演變才有可能開始。」他認為這也許要用一百年，在此期間大概已經開始贏得「某種程度的尊重，從而有可能把權力建立在法律和意見而不是武力基礎之上」(《對改變中的世界的新希望》，第77-78頁)。

羅素關於政治和政府的全部思想中有一個主題，這就是讓個人自由與國際和平取得平衡的問題。但是它們之間的競爭最後還會分出勝負。如果人類被戰爭消滅，那麼不僅沒有這樣的自由，而且連這樣的自由的可能性也沒有了。因此羅素為了拯救人類而願意犧牲或者推遲獲得自由。自然他希望能夠同時擁有和平與自由；但是根據他從人類身上得到的經驗，他卻無

法否認人類的貪婪、殘暴和非理性以及其他共有的特點使得這種希望難以實現。他寫道，這種想法使他常常陷入絕望。第一次世界大戰時期，看到多少萬人被迫在歐洲的土地上進行毫無意義的相互殘殺，他已經感到絕望。第二次世界大戰之後，核武器的可能受害者不再僅僅是軍隊，甚至也不再僅僅是各國人民，而是(最壞的一種可能)世界上的全體居民。這該使羅素感受到多麼大的絕望。從一種觀點看，只有極少數人具有看清這一事實的眼光，也只有極少數人具有感受到其恐怖可怕的想像力。羅素特別值得稱道之處正在於他兼備了這兩種優點。

戰爭與和平

羅素反對過布爾戰爭和第一次世界大戰，支持過第二次世界大戰中盟國的戰爭努力，並曾有力地奔走阻止第三次世界大戰的立即爆發，還強烈抨擊過越南戰爭的現實。他終生致力於向戰爭宣戰，直到以九十八歲高齡去世為止。他早年和晚年的反戰活動都招來敵視並使他被關進監牢。然而現在誰也不能說他站錯了立場；而當極端愛國狂熱和沙文主義表現冷卻下來，人們比較清醒地權衡付出這筆巨額經費的理由時，他們才在事過之後開始像羅素當時以天才的眼光所觀察到的那樣來看待戰爭。

"ALL RIGHT! FOR THE LAST TIME. WHO'S THE BRAINS BEHIND THIS?"

「不說是吧！最後問一次： 誰是幕後主使？」

圖11　這幅漫畫出自《標準晚報》，表現的是羅素於1961年9月被判入獄一週的情形，原因是他被認定在倫敦市中心舉行的悼念廣島的大型和平集會後擾亂公共秩序

羅素從未改變過他認為沒有必要打第一次世界大戰的看法。德英兩國在1914年除了國家榮譽和某些有關帝國利益問題可以解決的摩擦之外，並不存在真正的爭執。他認為本來可以通過談判避免敵對行為，談判本來會緩解德國情理之中的不滿，感到它在殖民地競爭中未能順利取得本來也許可以取得的成功。然而歐洲各國的外交部裏的職位卻被一些貴族所佔據，決定他們行為動機的是驕傲自大而不是基於常識的考慮。

在第一次世界大戰期間，反對羅素的人爭辯說，德國的罪行是侵略和擴張主義，並謀取在歐洲的霸權；這威脅到英國的自由，因為一旦德國戰勝，一切事物都會打上專制和官僚制度的烙印。所以英國有足夠的理由來打仗。羅素既不承認這種嫁禍於人的理由，也不相信英國如果不打仗便會招來那種可能有的後果；他認為這會很像重演一遍1871年普法之間那次短暫而具有決定性的衝突。但是即使德皇獲得勝利——這是件壞事，但也比不上大戰本身那樣邪惡——羅素的主要論點仍然是：人們總得有壓倒性的正當理由才能去打仗，而這在1914年是不存在的。

1939年的情況卻非常不同，在1930年代，羅素實際上是個綏靖主義者，正如我們可以從1936年出版的《怎樣獲得和平？》這本書所看到的那樣。然而他並沒有讓該書重印，因為當他寫完時他已經感到這並不是誠實的態度，1930年代的形勢與1914年太不相同了：

我能以不心甘情願的態度來看待德皇統治下的德國有可能取得凌駕他國的地位。我認為這雖然是件壞事，卻比世界大戰帶來的災難小。但是希特勒的德國卻是另一回事。我覺得納粹黨人令人十分反感——殘暴、頑固、愚蠢。從道德和理智上講他們都同樣讓我憎惡。（《自傳》，第430頁）

他覺得被這樣的人打敗這個念頭是「不可忍受的，最後才有意識地、明確地決定我必須支持為爭取第二次世界大戰的勝利需要做的事情，不管取得勝利可能有多麼困難，其後果又是多麼痛苦」（出處同上）。

太平洋戰爭由於對日本城市投擲原子彈而取得令人驚駭的結局，這立即讓羅素注意到必須對某種全新的事物加以考慮。1945年11月他在上院的講演中給貴族議員們發出了警告。最初他想到美國應該利用原子武器的優勢迫使俄國不發展這種武器。這曾被人解釋為羅素要求美國應該對俄國發動一場先發制人的原子彈攻擊；但實際上他並未走到這一地步。他看到美國有機會憑藉其軍事優勢來建立世界政府，便力促它這樣去做。儘管他認為美國有許多缺點，他還是喜歡它的自由和民主的總趨勢而不是蘇聯的暴政。在第二次世界大戰以後的歲月裏，羅素甚至還加深了他對蘇聯的敵視（1920年代初期對蘇聯的訪問就使他相當反感）。十五年後他開始用同樣激烈的言辭來譴責美國

人，由此可以看出他對越南戰爭的憎惡程度。然而這種態度的改變並不是突然發生的。美國的麥卡錫主義及其在海外由好鬥的麥卡錫主義分子推行的反共外交政策逐漸使他認為美國人對和平的威脅比蘇聯更大。1961年古巴導彈危機加強了他的這種看法。從此以後他堅決反對美國。

在原子武器問題上促使羅素改變態度的首先是蘇聯在1949年獲得了原子彈，然後是1954年英國在比基尼島進行了核試驗。對於後一件事他發表了一篇有名的聖誕節廣播演講，題為《人類的危險》，警告英國和全世界，提醒每個人注意現在面臨的可怕危險。這篇演講是個轉折點；此後才真正開始了反對儲存大規模毀滅性武器的運動。給他的信件像潮水一般湧來。他利用這次廣播的勢頭，組織了一次由知名科學家簽名的國際性請願書。他從未停止英國應該廢除其核武器的要求，他爭辯說這樣做的理由之一是給其他國家在道義上帶個好頭。

1950年代隨着國際局勢的惡化和他個人的努力遭受到挫折，他對於應該怎樣對付世界目前面臨的危險在看法上有了改變，他寫文章，發表廣播演講；除了請願，他還組織過一次讓「鐵幕」兩邊的科學家坐在一起的討論會；他參與建立核裁軍運動的努力並擔任第一任主席。由於這些和平的和認真說理的手段在政府的頑固態度面前屢次碰壁，他變得更加絕望了。他

辭去了核裁軍運動中的職位，參加了激烈得多的一百人委員會，後者開始了一場非暴力反抗運動。這場運動使他再次身陷囹圄，與他第一次入獄時間相隔四十二年。在這裏沒有什麼談論理論的餘地，因為羅素感到沒有時間去談理論；需要做的是行動。

到了晚年，羅素的注意力完全集中到越南戰爭上。現在他周圍的人以他的名義發表一些出版物和新聞稿件(從語法和口氣上看，不像出自他本人之手)，他攻擊美國，特別是其軍事聯合企業和中央情報局，指控它們侵略越南，犯下戰爭罪行，他同讓-保羅·薩特和其他人一起倡議組成國際戰爭罪行法庭，旨在讓美國為其在越南的行為受到審判。當時人們認為法庭對美國的指控純屬歇斯底里的叫喊。隨着後來美國政府檔案的公佈，許多指控現在已經證明屬實。

羅素反對第一次世界大戰並且反對越南戰爭，其中至少有一個方面很明顯是前後一貫的。這就是他認為兩者都不存在真正的善受到危害的問題，兩者都是受人類最卑劣的本能 —— 殘暴、愚蠢、侵略的本能所驅使，這些本能一旦失去控制便什麼事都幹得出來：轟炸婦女和兒童，使用有毒化學物質，用宣傳和謊言蒙騙本國人民。羅素在他度過漫長的一生到臨終一定會發現這一事實的可怕，即從1914到1970年之間軍事武器的毀滅力已經發展到前所未有的水平，但是人類卻絲毫也沒有改變。

第五章
羅素的影響

　　如果你想看清羅素的重大貢獻，那就要觀察一下，從兩次世界大戰之間的年代起在英語世界中發展的主流哲學。另外還要看一看邏輯和數理哲學的發展、20世紀西方世界中道德風氣的改變，以及為了防止核武器擴散而進行的種種努力。全面講述其中任何一個問題都要提到羅素。

　　在上面說的某些方面他只是眾多角色中的一個；比如說促成本世紀的道德革命就絕非他一人之力。他在核裁軍運動中站在更靠近中心的位置，正如第一次世界大戰時期他在和平運動中的地位一樣。

　　但是在哲學領域，正如第一章所說，他的地位卻重要到無所不在的程度。他的哲學繼承者是按照他的風格進行哲學工作的，所討論的是由他認定或由他賦予當代說法的問題，使用的是由他發展起來的工具和技術，他們大體上也都認同他所抱有的目標和假定。正是由於這種影響無所不在，20世紀比他年輕幾代的哲學家中許多人幾乎意識不到這一切都是由他開創的，這就足以衡量他的影響的深遠程度了。

儒勒·威勒曼說，當代哲學是從羅素《數學的原理》一書開始的。著名美國哲學家奎因在引用這句話時換了個比喻：在他看來這部著作是「20世紀哲學的胚胎」（奎因 W. V. Quine，《為紀念文集所寫的評論》，載皮爾斯，《伯特蘭·羅素》，第5頁）。奎因本人就是讀了羅素才被吸引到哲學上來的。他年輕時在邏輯、科學、哲學各方面最初所受的教育就是靠讀羅素的書得到的；同許多人一樣，他感受到這些書的「吸引力」，先是投入邏輯和數理哲學的研究，後來又鑽研認識論和科學哲學。奎因寫道：「羅素在邏輯上的真正科學精神在他關於自然知識的認識論上得到了反映。這種反映在1914年出版的《我們關於外部世界的知識》一書中尤為明顯。這本書使我們當中一些人很受鼓舞，卡納普無疑是其中之一，使我們充滿了建立現象論的新希望。」（同上書，第2–3頁）奎因把該書同羅素關於邏輯原子主義的講演以及《心的分析》和《物的分析》一起當作富有開創性的著作：「它們對於本世紀的西方科學哲學永遠不會失去其重要性。」（出處同上）而羅素的邏輯對於他的哲學也永遠不會失去其重要性。「羅素的名字同數理邏輯是分不開的，對此他做出了很大貢獻」——特別是摹狀語[1]理論和類型論。

1　Description，通譯作摹狀詞，似不妥。因為它不是一個詞，而是一個短語，例如「《紅樓夢》的作者」「美國的第十任總統」等。故改譯為摹狀語。

羅素首創了類型論，目的在於克服正當他努力把數學建立在邏輯基礎之上時所發現的一些悖論。在為解決這個問題而做出努力時，他全面考察了一些可供選擇的方案，包括一個後來在集合論中佔了上風的設想，以致不無諷刺意味地取代了羅素最後構想的那個方案，這就是恩斯特·策梅羅所發展的理論。然而羅素的類型論在哲學上卻發揮了重大影響。這個理論的主導思想在1920年代和1930年代曾被邏輯實證主義者採納，用來攻擊形而上學；賴爾(Gilbert Ryle)曾用這個理論的不同說法來消除「範疇錯誤」，這種錯誤具體表現為某人認為牛津大學是一個存在於其所有學院和機構之外的實體。按照奎因的看法，類型論還對胡塞爾(Edmund Husserl)產生過影響，此外類型論連同羅素的邏輯的其他方面也影響了偉大的波蘭邏輯學家列斯涅夫斯基和艾杜凱維奇(Stanislaw Lesniewski and Kazimierz Ajdukiewicz 皮爾斯，《羅素》第4頁)。

　　此外還必須提到摹狀語理論的重要性。奎因說：

　　羅素關於摹狀語的邏輯理論在哲學上很重要，這既是由於它直接影響到涉及意義與指稱的哲學問題，也是由於它具有作為典型哲學分析的示範作用。羅素的邏輯類型論在有關本體範疇的形而上學、邏輯實證主義的反形而上學及超出哲學外圍的結構語言學等方面都同時促成了新的轉向。威勒曼認為他的

邏輯工作開創了當代哲學，難道這還有什麼令人驚奇之處嗎？（皮爾斯，《羅素》，第4—5頁）

羅素逝世後，吉爾伯特·賴爾對亞里士多德學會宣讀了一篇悼詞。該學會是英國主要的哲學俱樂部，羅素從1896年起就經常去那裏宣讀論文。賴爾在這篇悼詞中講明他認為在哪些方面羅素給20世紀哲學劃出了全部軌道（《羅素：1872—1970》，後收進羅伯茨編《羅素紀念文集》）。一個方面是「羅素給哲學思想方法帶來了新的哲學工作風格，我認為這實際上是靠他獨自完成的」（同上書，第16頁）。這就是使用困難的實例來檢驗哲學論點，是一種旨在仔細考查哲學主張和哲學概念的概念性實驗。例如，在《以類型論為基礎的數理邏輯》這篇論文中，羅素列舉了七種需要由一個有效力的理論來解決的矛盾，並把能夠處理所有這些矛盾作為檢驗他的類型論是否可以成立的標準。這種技術現在已經成為哲學方法中習以為常的東西。設計「思想實驗」就是用來檢驗一種觀點的有效性。例如在倫理學中把一個原則應用到許多各自不同的越來越困難的個例上，看其能否適用；或者例如在法庭上或形而上學上關於人的身份概念的重要討論中，人們設計出想像的「存在測驗」來確定人在經過這些測驗之後是否還是「同一個人」。

但是在賴爾看來，更為重要的是羅素把形式邏輯

圖12　路德維希‧維特根斯坦（1889–1951），羅素戰前在劍橋大學的學生

這一學科引進哲學中來的方式。「接受後亞里士多德形式邏輯的一些訓練相當快地被認為是未來哲學家的一個不可缺少的條件，這要歸功於羅素，並在較低程度上歸功於弗雷格和懷特海。」（同上書，第19頁）賴爾的職位使他對此深有瞭解；在保證牛津大學課程表的變化上，他是起過作用的。而接受邏輯訓練的理由就在於邏輯引進嚴格性並且可以給人帶來那種體現為羅素關於摹狀語和類型論的洞見。同奎因一樣，賴爾認為這些理論在具體說明怎樣可以區分意義與無意義上特別重要，因而照他看來它們分別影響了早期維特根斯坦和邏輯實證主義者。

威勒曼把羅素的第一次重大努力，即賦予數學以邏輯基礎稱為分析哲學的熔爐。這無疑是正確的，也就是說羅素在這裏通過最初階段的和有時還是不完整的形式初步指明了分析哲學的主要方法和問題。但是奎因的話也是對的，他說羅素自1903年到大約1930年整個這段時期的著作（包括書和論文）是分析哲學的基礎。然而其中某些篇章卻更直接顯示出後來哲學發展的萌芽。例如《我們關於外部世界的知識》的第二章，該章標題為「邏輯是哲學的本質」。這一章從兩個方面講都是一篇示範性文獻。首先，它最清楚地講明羅素分析風格的目標、動力和方法。其次，它包含了維特根斯坦在《邏輯哲學論》中所採用的哲學規劃的藍圖，顯示出這些思想的萌芽和發展。

羅素在《我們關於外部世界的知識》第二章的開頭就說：哲學問題，「只要是真正的哲學問題，全都可以還原為邏輯問題」（《我們關於外部世界的知識》，第42頁）。他的意思是說，哲學問題可以通過使用初等數理邏輯的技術得到澄清或者消除。這些技術「讓我們能夠容易處理比文字推理所能列舉的更加抽象的概念；它們向我們提示用其他方法無法想到的富有成效的假說；它們還使我們能夠很快看清什麼是可以用來構建某一特定的邏輯或科學大廈所需的最少量材料」（同上書，第51頁）。他在《我們關於外部世界的知識》後面幾章所提出的關於知覺和知識的理論尤其明顯是在數理邏輯的啟發下產生的，「沒有數理邏輯這些理論是絕對不能想像的」（出處同上）。起主要作用的是這種思想，即認為邏輯確定事實的形式並確定表達事實形式的命題。摹狀語理論一直就是通過顯示命題的形式來解決重要問題的分析典範。羅素甚至早先就已經用形式分析表明所有命題並非都是主謂形式，而是表示關係；照他看來這本身就反駁了觀念論並為多元論的假定提供了正當理由。

羅素在《我們關於外部世界的知識》第二章中討論關係時講到只有在掌握事實的邏輯形式的分類之後才能正確理解關係。這裏已經預示出維特根斯坦的《邏輯哲學論》的藍圖。這種提法並不意味着羅素的觀點是從維特根斯坦那裏學來的，因為在羅素寫出這

一章之前兩年中維特根斯坦是他在劍橋的學生；情況正好相反：維特根斯坦倒是向羅素學到這些思想的。這種主張的理由根據可以簡述如下。首先，有必要重溫維特根斯坦在《邏輯哲學論》中的論證。用維特根斯坦自己的話並且重新安排其編號系統(目的在於顯示論證的結構)，《邏輯哲學論》的基本論點是：

1.　　世界就是全部的實際情況。

1.1　　世界是事實而不是事物的全體。

2.　　實際情況—事實—就是事態的存在。

2.01　事態(事物的狀態)是客體(事物)的組合。

2.02　客體是簡單的。

與這種關於世界結構的簡樸描述相平行的是關於命題中所表現的思想的相應結構的描述，這種關係維特根斯坦稱為「圖映」關係。

4.　　事實的邏輯圖像就是思想。

3.1　　思想在命題中得到可以由感官感受的表達方式。

3.201　思想能夠在命題中得到表達，其方式是命題符號的組成元素與思想中的客體相對應。

5.　　命題是基本命題的真值函項。

4.21　最簡單的命題即基本命題斷言事態的存在。

還有其他等等關於細節的論述。不用說，支持這些論點的邏輯思想當然是讀羅素早期著作的人所熟知的；但是這些論點主要涉及的卻是結構概念和以摹狀語理論為典型的邏輯分析手段。更引人注目的是維特根斯坦在《邏輯哲學論》中和羅素在《我們關於外部世界的知識》第二章中所分別表達的實際內容。羅素在這一章中寫道：

> 現有世界是由許多具有許多性質和關係的事物構成的。對現有世界的完全描述也許不僅需要列舉這些事物，而且需要談到它們的所有性質和關係。……當我說「事實」時，我並不是指世界中的簡單事物；我指的是某種事物具有某種性質，或者說某些事物具有某種關係。……照這種意義講，一件事實從來不是簡單的，而是具有兩個或更多的組成部分。……給出一件事實，就有一個表達這件事實的命題……(這樣一個命題)將被稱為原子命題，因為我們立即可以看到，原子命題組成其他命題的方式正像原子組成分子一樣……為了在語言中保留下事實與命題之間的類似關係，我們將把這些我們一直在考察的事實叫作「原子事實」。(《我們關於外部世界的知識》，第60–61頁、第62頁)

還有其他等等類似的話。

羅素在這裏提出的只是一個輪廓，並不是正式的說法。維特根斯坦在《邏輯哲學論》中把他的論點表述得更為詳細，而且附有系統的編號，外觀上顯得很嚴格，儘管事實上這只是個部分的論證。維特根斯坦小心翼翼地把他的語言——世界的平行結構與認識論的考慮分離開來，而羅素則給出了事實、性質和關係的實例：「這是紅的」是原子事實的一個實例，而「今天是星期一，天在下雨」則是分子事實的一個實例。

維特根斯坦的《邏輯哲學論》的基本思想來自羅素的這些思想，這一點可以從以下事實得到證實：羅素在他的《我們關於外部世界的知識》第二章中所寫的提綱概括了他想在一部現今取名為《認識論》的稿子中詳細敘述的內容。(這一書名是在他身後整理出版這部稿子時所取的。)當羅素於1913年寫作本書時，維特根斯坦還是他的學生。他把稿子交給維特根斯坦看，後者批評了其中關於親知和判斷的討論。正如前面所說，「親知」是羅素給主體與各種不同種類客體之間的基本認知關係所起的名稱；「判斷」則是一種複合關係，大體上可以描述為：只要對命題的組成部分有親知的關係，就承認該命題為真。我們不知道維特根斯坦的批評意見的細節；羅素在一封信中曾複述這些批評，他說：「我們兩人都因情緒激動而有些急躁。我讓他看的是我剛剛寫出的中心部分。他說這些全是錯的，未能理解到那些困難(他說已經試用過我的

觀點，知道它行不通。我不理解他的反對意見），實際上他講得很不清楚，但是我卻確信他是對的。」主要由於這個原因，羅素只發表了這份稿子的一部分，並且在若干年後放棄了親知這個在其中佔有中心地位的概念。但是這個基本構想（即認為分子命題可以分解為原子命題，而這些命題則表達在結構上與之類似的事實，並以事實與命題之間的關係來保證我們對於命題的理解）卻仍然在《我們關於外部世界的知識》第二章中保留下來。維特根斯坦在《邏輯哲學論》中正是依附這個骨架而賦予它多少有些不同的血肉的。

維特根斯坦的觀點就是這樣來自羅素的思想，這一點並不令人驚奇。實際上羅素是維特根斯坦唯一的哲學老師；除了少數可舉出的著作外，羅素的著作是他主要的哲學讀物。他的朋友戴維‧品森特（David Pinsent）在其日記中寫道：「很明顯，維特根斯坦是羅素的一個弟子，得益於他甚多。」由此可以清楚看出，從羅素著作中最早生長出來的哲學支脈就是維特根斯坦的《邏輯哲學論》。可以這樣說，通過某些複雜的和這一次甚至是反面的方式，羅素也是維特根斯坦後期哲學的主要影響人之一。

如果受羅素影響的人包括我們已經提到過的那些名字（奎因、卡納普、邏輯實證主義者、維特根斯坦和賴爾；對於這個名單，還應當加上艾耶爾的名字，因為他同奎因一樣是自己承認這種影響的），那麼威勒

曼認為羅素是20世紀分析哲學的奠基人和主導精神的說法就無疑是正確的。但是關於這一點還有很多話可說；事實上也真有人把這份榮譽獎給別人。

遺憾的是馬爾什(R. C. Marsh)所編的名為《邏輯與知識》的羅素論文集沒有索引。這本論文集把羅素某些最重要和最有影響的文章收集起來，所以其中大多數文章是分析哲學家所必讀的。這些文章包括《關係的邏輯》《論指示》《建立在類型論基礎上的數理邏輯》《論親知的性質》《邏輯原子主義的哲學》《論命題的性質和表示意義的方式》等等。由於不附索引，仔細閱讀這些文章的學者往往在書後面空白頁上做出自己的索引。看一看我自己的索引就發現不僅有在羅素著作選集中預料會有的題目，如摹狀語、指示、類型、邏輯虛構、分析、親知、感覺材料、關係、共相、特體、事實、命題等等的出處；而且還有一個看來像是分析哲學中常常遇見的概念表，如命題態度、模態與可能世界、含糊性、自然主義、真理函項性、心的本性、證實、真理、存在、意義等等。這其中很大部分來自羅素本人，所以羅素的著作在興趣焦點和探討範圍上都促成了哲學史上一個明顯的方向性變化。甚至羅素在書中表示感謝時(他在講到自己受到別人啟發而表示感謝時總是非常慷慨大度，實際上是過了分)最常提到的五個同時代人(即皮亞諾、弗雷格、懷特海、摩爾、威廉·詹姆斯)當中，只有一個人

在討論這一類題目上並在較小範圍內可以與他相比，這個人就是弗雷格。

但是儘管弗雷格影響了羅素，並且在數理哲學和語言哲學中做了卓越的工作，他對羅素所起的影響卻比人們所認為的要小：羅素最初讀弗雷格的著作時並不理解他，只是等到自己重新發現弗雷格的某些觀點時才掌握了它們的意義；甚至這時他在諸如弗雷格關於意義與所指之間的區別等某些重要論點上也並未採用弗雷格的觀點，而是自己另外做出一個不同的、不太方便的區別。弗雷格的着眼點儘管比羅素的深刻，卻比較狹窄，所以羅素把數理邏輯的新觀念應用到較寬闊的哲學問題上是前無古人的。因此他的貢獻具有偉大的獨創性。

羅素的影響也在其他方面起到作用。他在《我們關於外部世界的知識》一書第三章中處理怎樣說明空間知覺這個問題時通過構建一個「模式假說」來提供一種可能的解釋，即怎樣才可以說明一些個體在視覺和觸覺中所經驗到的配景相當不同的個人空間與其他個體的個人空間得以在公共空間中協調一致。他的辦法是通過建立一個模式，然後「削掉假說中多餘的東西，剩下的也就是我們可以看作是對這個問題做出的抽象解答」（《我們關於外部世界的知識》，第94頁）。他帶領我們通過構造的模式一步一步地展示怎樣克服感覺世界與物理世界之間表面存在的一種重要

的差異。以後斯特勞森(P. F. Strawson)在其著作《論個體》中就採用類似的技術，構建了一個純聽覺的世界，以便探討基本特體與再認同等概念。艾耶爾(A. J. Ayer)在《哲學的中心問題》中也用它來確定就知覺能力和概念能力來講我們在多大程度上承認知覺者是知覺經驗的基礎。還有一些其他實例。

羅素遺產的一個突出特點就是其影響幾乎全在哲學方面而不在數學或邏輯方面。這件事實需要加以說明。尼伯恩(G. T. Kneebone)講過：「儘管《數學原理》給了20世紀邏輯學家和哲學家以很大啟發，儘管該書提供的概念和符號設計無比豐富，這部偉大著作在數學基礎文獻中仍是一部後繼無人的經典。」這個評價嚴格來講並不正確；《數學原理》所引進的邏輯記號系統現在已成為通用的標準形式的基礎，而《數學原理》中的某些技術則有了不同的形式，例如奎因的類型論。但是這個評價從廣義上說卻是對的；這就是值得評論的理由。簡單說，也許可以這樣講：在《數學原理》寫作的同時及以後湧現出大量的數學和邏輯研究，平心而論這就使得《數學原理》很快變得陳舊。人們提出了各種不同的邏輯，並發現了不依靠邏輯的對算術的形式化表述，邏輯和集合論後來也被證明都是相對的(這就是說，從各自不同的研究方法取得的進展表明並沒有一種獨一無二的或者「絕對的」邏輯或集合論)。策梅羅-弗蘭克爾(Zermelo-Fraenkel)

的集合論取代了類型論的集合論，而庫爾特‧哥德爾的不完全性定理（基本上是說數學或邏輯都不能公理化）也挫敗了羅素所追求的邏輯主義（即想以邏輯方式來說明數學知識的來源並使之獲得合理根據）的希望。

由此可見，《數學原理》的構想以及羅素為了克服實現這種構想的技術困難而做的嘗試之所以有價值，主要在於它在哲學中所起的作用而不是在數學史上的地位。弗雷格的著作也是這樣，只不過他在邏輯的某些形式上的技術性創新對其後來的發展起過極其重要的作用。

弗雷格是20世紀初另外一位偉大的思想家，被人譽為分析哲學的奠基人。邁克爾‧達麥特（Michael Dummett）是把弗雷格置於本世紀哲學舞台中心的一位學者，他爭論說分析哲學的本質就是這種主張，即認為要理解我們對於世界的看法，就必須考察語言，因為語言乃是通向思想的唯一渠道。這就使得語言哲學佔據了中心地位，取代了至少自笛卡兒以來就佔有這一地位的認識論。據達麥特講，這種由語言哲學取代認識論的變化本身要歸功於弗雷格。弗雷格早於羅素二十年就開始進行同樣的計劃，即把數學建立在邏輯的基礎之上。他發現他當時擁有的邏輯工具沒有希望完成這項工作。所以他才着手創造新的工具，並取得成功。他的創新既簡化了邏輯，又大大擴展了邏輯的能力。但是他也看到，要實現他的計劃，就必須考察

指稱、真理、意義這些概念；而據達麥特說，這正是轉向語言哲學的開始。

毫無疑問，弗雷格的工作在哲學上極為重要。弗雷格曾對羅素產生過影響，這也是沒有疑問的，儘管照上面幾段所述，這種影響並不那麼明確。但是達麥特主張把歷史的優先地位給予弗雷格，這一點卻令人難以同意——這並不僅僅是由於達麥特的分析哲學觀因為不現實而帶有局限性。事實上弗雷格的著作在他生前(他死於1925年)很少為世人所知，而羅素則幾乎是唯一使之廣為人知的人。即使如此，直到1950年代(實際上是直到1960年代達麥特第一部關於弗雷格的重要研究發表之後)弗雷格的著作的重要性才充分被人認識。就這個純屬歷史的問題來講，更正確的說法應該是：弗雷格思想的突出價值在於其理論上的而不是歷史上的重要性。而就羅素的大部分著作，如他的關於知覺和知識的理論、他的關於精神和科學的哲學來說，比較公平的說法卻正好相反：其重要性是歷史上的而不是理論上的。但是羅素的某些著作，上面已經講過，兼有理論和歷史兩方面的價值，這也就是為什麼羅素著作對分析哲學起到開創作用的原因。

有時人們也曾提出摩爾(G. E. Moore)對分析哲學起着奠基作用的主張，這並非沒有道理。羅素為人慷慨大度，把自己從觀念論解放出來歸功於受到摩爾的影響，而摩爾的哲學氣質和方法也無疑對他產生過影

響。摩爾說大多數哲學家都是由於驚奇而開始進行哲學思考，而他自己從事哲學工作的理由卻是由於發現其他哲學家所說的話令人驚訝。他的方法是：找出某些哲學研究領域中正在討論的關鍵性名詞或概念的定義。他對定義的要求是：定義的說法與被定義的名詞或概念應該是同義的，但卻不包含與之相同的名詞。這裏的困難在於即使這類定義是可能的(其可能性確實令人產生疑問，即使在字典中常見的字詞定義也是如此)，它們也僅僅構成一種定義，而其他種類的定義，比如說分析性定義(通過描述某種事物的結構或功能來下定義)和使用性定義(讓某種事物顯示其作用來說明其自身)不僅更為實用，而且具有更大的顯示性，因而在哲學上也就更有價值。摩爾當然承認其他種類的定義的存在及其實用價值，但卻認為他所喜歡的那一種是合乎理想的定義；他還認為某些具有根本性質的哲學概念，比如說倫理學中的「善」，是不可能下定義的：這類概念是不可界定的最基本的東西，理論必須從它們開始而不是去說明它們。

摩爾的風格和人格在分析哲學的早期歲月中無疑起過重要的作用。羅素在《我們關於外部世界的知識》一書序言中說，分析在哲學中引進了伽利略在物理學中引進的東西：「用逐步取得的、詳盡的、可以證實的結果取代未經檢驗但卻迎合想像的廣泛的大原則。」這種說法同樣可以很好地刻畫出摩爾耐心細緻

的哲學風格。摩爾的哲學風格表現為先提出一種主張或想法，然後鍥而不捨地對之做無休止的分析，直到其各個組成部分都清晰地展現出來為止。這種風格顯示不出大的氣魄，但在一定限度內卻卓有成效。摩爾得到不少人的仿效，然而他的目標和方法主要卻是批判性的；他並沒有做出任何哲學上的發現。他的主要遺產在於他傳播了倫理學中「自然主義的謬誤」的概念，這個概念是用某種比如說快樂的自然性質來界定善這一道德性質。一位哲學家影響的大小可以從人們應用他所引進的方法和思想看出來，照這個尺度來衡量，摩爾在20世紀初的地位無法與羅素相比。然而他卻幫助樹立了分析精神，他那有名的習慣（見到他認為奇怪的哲學說法就會由於吃驚而深吸一口氣）使得幾代學生和同事在說話和寫文章之前更加認真思考。

從上面討論中我們也許可以看出這個推論，即分析哲學是一個晚近才出現的現象。許多當代富有啟發性的思想和技術都來自新邏輯的基本原理，就這種意義來講，上述說法是正確的；但就另外一種同樣重要的意義來講，分析哲學卻代表了休謨、貝克萊、洛克和亞里士多德傳統的直接發展。這些思想家中最前面兩位（特別是第二位）與萊布尼茨一起構成了羅素的大部分哲學見解的基礎。羅素與亞里士多德之間的相似是不難看出的，因為後者同羅素一樣，也把他的形而上學的基礎建立在邏輯上面，並且為此目的來發展他的邏輯。

對於哲學家羅素的任何評價都不能忽視下述事實，即他的著作遠遠未能達到倘若遵循自己的方法論建議本該取得的那種嚴格性和認真程度。在他的著作中確實有一些眾所周知的粗心和膚淺之處。在哲學界有一件事經常引起人們的驚訝，這就是他那部最成功和擁有廣大讀者的《西方哲學史》（我們有理由說這是大多數人的哲學知識來源）在哲學討論上有若干極不確切的地方，儘管該書有許多其他優點。對於他的某些錯誤現在的學生在最初寫論文時都會注意避免；例如「使用－談到」的區別，這標明實際使用與談到一個表達式的重大區別。在上面句子中我使用了「表達式」一詞；而我現在則是談到該詞，通過加引號來標明這件事。這種區別在哲學爭論的許多場合都是至關重要的，通過看清「Cicero有六封信」與「'Cicero'有六個字母」表示很不相同的意思就可以揭示區別的所在。

　　羅素有時表現出的對力求精細的必要性（這是從事哲學工作不可迴避的責任，如果人們想做到精確、清晰和嚴格的話；哲學也需要想像和創造，然而除非與精確相結合，否則想像就不會給人帶來多大成果）的忽視使一些人感到不滿。諾爾曼·馬爾科姆（Norman Malcolm）在評論《人類的知識》時把這本書說成是「一個魔術師喋喋不休的廢話」。看來似乎自相矛盾的是，羅素在哲學辯論上提出的標準很高，而照這些已經達到的高標準來衡量的話，他本人有時卻沒有做到。

然而這些缺點並不嚴重。羅素有時憑藉他那無與倫比的散文，讓我們完全為其文章中的機智所折服，行文流暢卻不顧條件的限制和細節；在大多數這類情況下，只要讀者多加小心，他所造成的問題並不算大。無論如何，他還是意識到自己有時行文過快。他對那種喜歡大量腳注的學究作風很不耐煩。他急於得出實用的結論，找到一種為科學提供最好的經驗基礎的有效而穩定的觀點。特別是在他的一些後期著作中，他的態度是：如果已經勾畫出一種理論的大綱，其中細節的充實可留待以後完成。即使這時他的思想仍令人興奮，有時還很新穎。

　　但是人們也注意到，上面這些話只適用於羅素在匆忙中工作的情況，可以說他畫的是木炭畫而不是油畫。在最佳工作狀態下，他的哲學著作內容豐富，講述細緻、獨具慧眼、思想深刻。這句話特別適用於他在1900到1914年這段時期所寫的著作。《邏輯與知識》中收集的文章充分說明了這一點。古德斯坦(R.L. Goodstein)在講到《數學原理》做出的某些貢獻時說：「在某些方面，《數學原理》代表了理智成就的一個高峰；特別是附有可還原性公理的分支類型論，是邏輯和數學全部文獻中最精細和最富創造性的概念之一；這種說法也適用於羅素某些比較重要的哲學著作。這確實是很高的評價。

　　人的聲譽有着一條幾乎不變的曲線。生前不斷上

圖13　晚年羅素 © Bettmann/Corbis

升，儘管晚年有所下降，可是到了出訃告和舉行悼念儀式的時候，卻又突然猛升上去。然後再跌落下來，經過整整一代的時間不受重視。但是這種聲譽最終還會恢復並得到後人的公允評價。羅素死於1970年；在其後的幾十年裏，他的名字（正如上面所講，不是他的真正影響）只有在討論那些深受他的著作影響的題目時才會被人提到。其中主要是：關於指稱和摹狀語的討論、存在的分析，以及知覺理論的最新發展歷史。造成這種退居腳注地位的一個原因是有一段時間維特根斯坦提出了一種與羅素的分析風格十分不同的東西（維特根斯坦的聲譽升降卻與上述曲線走勢不同；在他剛剛死後有三十年一直受到熱心門徒的崇拜，但是儘管他的哲學天賦很高，近來也得到了比較冷靜的評價）。事實上大多數從事哲學工作的人仍然繼續採用羅素的分析風格，但是維特根斯坦思想的名氣和他的門徒的充沛活力卻使人得出幾乎相反的印象。賴爾有一段話可以解答這個問題，他認為羅素並不想建立一個由其門徒組成的學派。他說：「羅素教導我們不要思考他的思想，而要去想怎樣發展我們自己的哲學思想。一方面我們現在不是、將來也不會再成為羅素的信徒；另一方面我們每一個人現在多少又都是羅素的信徒。」

　　一般來說，思想家通過對哲學的重大問題（說得通俗一些就是生活的重大問題）提出有吸引力的答案而招來信徒。羅素對於答案則抱着懷疑的態度，儘管他也

在全力去尋找。他在《哲學問題》的結論部分談到哲學的價值時寫道：

> 研究哲學的目的不是為了對哲學問題給出確定的答案，因為一般來說人們無法知道確定的答案就是真理，而是為了這些問題本身；因為這些問題擴大我們關於可能的事物的想法，豐富我們理智上的想像，減少那種封閉理智不去思辨的獨斷自滿；但是最重要的還是因為通過哲學靜觀看到宇宙的宏大，心靈也變得開闊起來，從而能夠達到那種同宇宙合一的至善境界。

　　不管人們選用什麼尺度，羅素（他通過靜觀看到許多宇宙）都算是一個有着偉大才智的人。他改變了哲學的進程並賦予它一種新的性質。就人們自身的活動範圍來講，歷史上很少有人可以得到這樣的評價。即使這樣，一些人也是靠偶然機會或短暫的努力取得聲譽的，例如弗萊明(Alexander Fleming)和普林齊普(Gavrilo Princip)，且不必管其各自的好壞如何。與這些人恰成對比，羅素的成就是靠紀念碑式的手段取得的：寫過許多本著作和很多篇論文，做過許多次講演，前後歷經幾十年，足跡遍及各大洲。因此他確實是一位可以同亞里士多德、牛頓、達爾文、愛因斯坦並肩站立的超乎尋常的偉人。

推薦閱讀書目

Russell's works remain their own best introduction, but there is a large literature on Russell and the various aspects of his philosophy, some of which carries much further the debates he started. A. J. Ayer's *Bertrand Russell* (Fontana, 1972) and *Russell and Moore; The Analytical Heritage* (Harvard University Press, 1971) provide a sympathetic introduction. R. M. Sainsbury's *Russell* (Routledge, 1979) gives an absorbing technical discussion of Russell's central work. Peter Hylton's *Russell, Idealism and the Emergence of Analytic Philosophy* (Clarendon Press, 1990) is essential reading for any serious study of Russell's thought. Nicholas Griffin's *Russell's Idealist Apprenticeship* (Clarendon Press, 1991) is an excellent detailed study of Russell's early work in philosophy.

There are a number of collections of essays on aspects of Russell's work. E. D. Klemke (ed.), *Essays on Bertrand Russell* (University of Illinois Press, 1971), D. F. Pears (ed.), *Bertrand Russell* (Anchor Books, 1972), G. W. Roberts (ed.), *Bertrand Russell Memorial Volume* (Allen & Unwin, 1979), P. A. Schilpp (ed.), The *Philosophy of Bertrand Russell*, 3rd edn. (Tudor Publishing, 1951), are to be found in most academic libraries and between them cover much ground.

Alan Ryan's *Bertrand Russell: A Political Life* (Penguin Books, 1988) is excellent on the 'applied' side of Russell's activities.

Other works cited in the main text are: Michael Dummett, *Frege: Philosophy of Language*, 2nd edn. (Duckworth, 1981); A. J. Ayer, *Central Questions of Philosophy* (Weidenfeld & Nicolson, 1973); William James, *Essays in Radical Empiricism* (Longmans, 1912); P. F. Strawson, 'On Referring', *Mind* (1950), reprinted in Strawson, *Logico-Linguistic Papers* (Methuen, 1971), and *Individuals* (Methuen, 1959); and F. H. Bradley, *Appearance and Reality* (Oxford University Press, 1897).

重要詞語對照表

logical atomism邏輯原子論

M

Macarthyism 麥卡錫主義

McTaggart, J. M. E. 麥克塔加特

Malcolm, Norman 諾爾曼・馬爾科姆

Malleson, Lady Constance (Colette O'Neil) 康斯坦絲・馬勒森夫人（科利特・奧尼爾）

marriage 婚姻

Marriage and Morals (Russell)《婚姻與道德》（羅素）

Marsh, R. C. 馬爾什

Marxism 馬克思主義

masturbation 手淫

materialism 唯物主義

mathematics數學

    geometry 幾何

    logic 邏輯

    Russell's legacy 羅素的遺產

    Type Theory 類型論

Meinong, Alexius von 亞歷克修斯・邁農

memory 記憶

mental entities 精神實體

Mill, John Stuart 約翰・斯圖爾特・密爾

mind 心

monarchy 君主制

monism 一元論

Monist, The (journal)《一元論者》（雜誌）

Montessori method 蒙特索里方法

Moore, G. E. 摩爾

morality 道德

Morrell, Lady Ottoline 奧托琳・莫雷爾夫人

My Philosophical Development (Russell)《我的哲學發展》（羅素）

N

naive realism 樸素的實在論

names, theory of 名稱理論

nationalism 民族主義

naturalistic fallacy 自然主義的謬誤

Nazism 納粹主義

negative theory (on education)消極理論（論教育）

neutral monism 中性一元論

Newman, M. H. A. 紐曼

No Conscription Fellowship 拒服兵役聯誼會

Nobel Prize 諾貝爾獎

non-demonstrative inference 非證明性推理

nuclear weapons 核武器

number theory 數論

O

objectivism/subjectivism 客觀主義/主觀主義

Ockham's razor principle 奧卡姆剃刀原理

oligarchies 寡頭政體

On Education (Russell) 《論教育》（羅素）

open marriages 開放的婚姻

opinions 見解

Our Knowledge of the External World (Russell)《我們關於外部世界的知識》（羅素）

Outline of Philosophy, An (Russell)《哲學大綱》（羅素）

marriages 婚姻

Nobel Prize 諾貝爾獎

nuclear disarmament campaign 核裁軍運動

Order of Merit investiture 功績勳章

pacifism 和平主義

political career 政治生涯

premature obituary 早來的訃告

travelling and lecturing 旅行與講演

mathematics and logic 數學與邏輯

legacy to 留下的遺產

paradox 悖論

Type Theory 類型論

philosophy 哲學

analytic 分析的

criticism of theories 對理論的批評

definitive descriptions 定摹狀語

knowledge and perception theory 知識與知覺理論

legacy 遺產

logical atomism 邏輯原子主義

neutral monism 中性一元論

other minds 其他心靈

postulates 公設

sometimes careless approach to 有時粗心

views 觀點

on education 論教育

on ethics 論倫理學

on morality 論道德

on politics 論政治

on religion 論宗教

works by 著作 見各單本著作條目

Russell, Conrad (son) 康拉德‧羅素（子）

Russell, Frank 2nd Earl 弗蘭克‧羅素，第二代伯爵

Russell, John Conrad (son) 約翰‧康拉德‧羅素（子）

Russell, John Russell 1st Earl 約翰‧羅素‧羅素，第一代伯爵

Russell, Kate (daughter) 凱特‧羅素（女）

Ryle, Gilbert 吉爾伯特‧賴爾

S

Satan in the Suburbs (Russell) 《郊區的惡魔》（羅素）

Satre, Jean-Paul 讓–保羅‧薩特

Sceptical Essays (Russell) 《懷疑論集》（羅素）

science 科學

inference and 推論與

philosophy of 科學哲學

physics 物理學

public space of 公共空間

religion and 宗教與

technological change 技術變化

Scientific Outlook (Russell) 《科學觀》（羅素）

Second World War 第二次世界大戰

self-control 自控

sensations 感覺

sense-data 感覺材料

set theory 集合論

sex education 性教育

sexual morality 性道德

Sidgewick, Henry 亨利‧西奇威克

simples 簡單事物

Smith, Alys Pearsall 艾麗絲‧皮爾索爾‧史密斯